PETER ANTES (Hg.)

Christentum und europäische Kultur

Christentum
und europäische Kultur

Eine Geschichte und ihre Gegenwart

Herausgegeben von Peter Antes

HERDER

FREIBURG · BASEL · WIEN

© Verlag Herder, Freiburg im Breisgau 2002

www.herder.de

Alle Rechte vorbehalten.

Redaktion: Dr. Judith Sixel

Register: Peter Arlt

Herstellung: fgb · freiburger graphische betriebe 2002

www.fgb.de

Gedruckt auf umweltfreundlichem, chlorfrei gebleichtem Papier

Printed in Germany

ISBN 3-451-27555-4

INHALT

VORWORT

Das Thema »Christentum und Kultur« ist eine Thematik für ein mehr-bändiges Werk. Dass es hier als ein Band vorgelegt wird, ist der kühne Versuch, eine zweitausendjährige Geistesgeschichte auf einige wenige Entwicklungslinien zusammenzuziehen. Kenner der Materie werden dies als vermessen und der Sache nicht gerecht werdend bezeichnen. Dennoch ist gerade durch die gebotene Kürze eine Konturierung mög-lich, die scharfe Kanten mit sich bringt und dadurch wildes Ausufern und unkontrolliertes Wuchern durchschneidet und das Wenige auf das Wesentliche zuschneidet. Auf diese Weise wird mehr deutlich, als groß angelegte Enzyklopädien oder mehrbändige Werke in dieser Hinsicht darzustellen vermögen. Dies zeigen die einzelnen Beiträge des hier vor-gelegten Buches in aller Klarheit.

Das Buch richtet sich an alle, die nach dem Impetus der europäischen Geistesgeschichte suchen und wissen wollen, was sie letztlich zu der machte, die sie heute ist – im Unterschied und in Abgrenzung zu allen anderen Kulturen dieser Erde. Das Buch will daher den Nichtchristen in Europa zeigen, wie viel von der europäischen Kultur und ihrer Entwick-lung ursächlich mit dem Christentum als treibender und prägender Kraft zusammenhängt. Und das Buch will den Christen in Europa zei-gen, wie sehr ihr Glaube gestalterisch gewirkt und in einem Maße kul-turelle Formen angenommen hat, wie sie selbst es sich gewöhnlich kaum bewusst machen oder eingestehen. In einer Zeit, in der es unmodern ist, von Religion allgemein und von der christlichen Religion speziell in der säkularen Gesellschaft zu sprechen, zeigt dieses Buch, dass ein diesbe-zügliches Ausblenden des Christentums ein Defizit beim Verstehen der europäischen Kultur nach sich zieht, das nicht zu verantworten ist und daher dringend beseitigt werden muss.

Dem Verlag Herder und seinem Lektor Burkhard Menke sei Dank, die Notwendigkeit, auf dieses Wissensdefizit zu reagieren, erkannt und das Buch in das Verlagsprogramm aufgenommen zu haben.

Möge es seinen Weg gehen und all die erreichen, die nicht nur gebets-
mühlenartig auf den prägenden Einfluss des Christentums auf die europäische Kultur verweisen, sondern diese Aussage durch konkrete Beispiele untermauern und belegen wollen. Ihnen ist dieses Buch zur
Orientierung gewidmet.

Peter Antes

Einleitung

PETER ANTES

Jahrhunderte lang war die europäische Kultur die des christlichen Abendlandes. Christentum und Kultur waren eine solche Einheit gewesen, dass vielfach die ebenfalls in Europa wirksam gewesene griechisch-römische Tradition, das jüdische Erbe oder gar die islamischen Einflüsse übersehen wurden und allein dem Christentum prägende Kraft bei der Ausgestaltung europäischen Denkens und Lebens zugesprochen wurde.

Dieser prägende Einfluss hat am Ende des 20. Jahrhunderts so sehr an Kraft verloren, dass nicht nur die Zahl der praktizierenden Christen in Europa allgemein und in Deutschland im Besonderen zurückging, sondern dass auch die wichtigsten Stationen des Lebens wie Geburt, Eheschließung und Tod vielfach ohne christliche Rituale vonstatten gehen. Bei weitem werden nicht mehr alle Kinder getauft, immer weniger katholische Jugendliche gehen zur Erstkommunion bzw. im protestantischen Bereich ist die Zahl der Konfirmationen drastisch gesunken oder nur noch auf Grund kommerzieller Interessen einigermaßen beständig, kirchliche Eheschließungen sind stark zurückgegangen, und selbst kirchliche Begräbnisse sind keine Selbstverständlichkeit mehr. Das Schwinden religiöser Praxis geht neuerdings einher mit einem deutlichen Schwund an Kenntnissen aus dem Bereich der religiösen Überlieferung. Die Säkularisierung unseres Lebens findet somit auf zwei Ebenen statt: im Bereich der religiösen Praxis, indem das gesamte Leben allmählich in einer profanen Geschlossenheit erscheint, die kaum noch Bezüge zur Religion erkennen lässt, und im Bereich der kulturellen Sozialisation, indem früher ganz selbstverständliche Kenntnisse heute nicht mehr vorausgesetzt werden können.

Immer häufiger wird daher die Frage aufgeworfen, was das Christentum eigentlich den Menschen gebracht hat. »Welt ohne Christentum – was wäre anders?«, fragt Hans Maier und verweist auf die kulturellen Einflüsse des Christentums.[1] Welchen Beitrag die jüdisch-christliche

Ethik zur politischen Entwicklung Europas geleistet hat, thematisiert Jürgen Habermas, wenn er schreibt:»Das Christentum ist für das normative Selbstverständnis der Moderne nicht nur eine Vorläufergestalt oder ein Katalysator gewesen. Der egalitäre Universalismus, aus dem die Ideen von Freiheit und solidarischem Zusammenleben, von autonomer Lebensführung und Emanzipation, von individueller Gewissensmoral, Menschenrechten und Demokratie entsprungen sind, ist unmittelbar ein Erbe der jüdischen Gerechtigkeits- und der christlichen Liebesethik. In der Substanz unverändert, ist dieses Erbe immer wieder kritisch angeeignet und neu interpretiert worden. Dazu gibt es bis heute keine Alternative.«[2]

Beide also, der Christ Hans Maier und der Philosoph Jürgen Habermas, stimmen darin überein, dass das jüdisch-christliche Denken Europa geprägt und in seinem Werdegang entscheidend mitgestaltet hat. Was dies konkret mit Blick auf die europäische Geistesgeschichte meint, will das vorliegende Buch deutlich machen. Es will die Kulturgeschichte religionsgeschichtlich beleuchten und dies weitestgehend nicht durch Theologen, sondern durch Fachleute, denen das Christentum als prägende Kraft der Entwicklung in ihrer jeweiligen Fachwissenschaft klar vor Augen steht.

Klaus Kowalski behandelt als Kunsthistoriker »Christentum und bildende Kunst«. In einem groß angelegten Überblick von den ersten Anfängen bis zu heutigen Problemen zeigt er das Ringen der Künstler mit dem Christentum und die geistigen Auseinandersetzungen mit ihrer jeweiligen Zeit. Durch die gedrängte Form der Darstellung werden die wesentlichen Konturen der Entwicklung und die Umbrüche deutlich, die die Kunstgeschichte bestimmt und bewirkt haben, dass die europäische Kunstgeschichte ihren eigenen Weg ging, der sie unverwechselbar von denen anderer Kulturkreise unterscheidet. Damit waren Aufgaben und Lösungsmöglichkeiten verbunden gewesen, die nicht selten zu neuen Problemen geführt haben, die dann ihrerseits wieder nach neuen Lösungen drängten. Zugleich wurde auch die innere Entfremdung zwischen Christentum und bildender Kunst in der Neuzeit stark vorangetrieben.

Ähnlich wie beim Verhältnis von Christentum und bildender Kunst wird im Beitrag der Musikwissenschaftler Marie und Jannis Vlachopoulos Christentum und Musik in Form eines gedrängten, auf die wesentlichen

Entwicklungslinien begrenzten Überblickes behandelt. Auch dieser Beitrag reicht von den Anfängen bis zur Gegenwart und berücksichtigt neben der westeuropäischen Musik zudem noch die orthodoxe Tradition. Er lenkt dadurch den Blick nicht nur auf die epochal gestaltete Vielfalt christlicher Ausdrucksformen in der Musik, sondern verweist zugleich auch auf den Facettenreichtum christlicher Tradition als solcher, wie sie durch Orthodoxie, Katholizismus und Protestantismus zum Ausdruck kommt, um nur die wichtigsten christlichen Traditionen anzusprechen. Wie im Beitrag über Christentum und bildende Kunst ist auch die Darstellung von Christentum und Musik durch eine innere Entfremdung der beiden voneinander in der Neuzeit gekennzeichnet, deren letzte Konsequenz vielleicht im eingangs erwähnten Schwinden der kulturellen christlichen Sozialisation einen ersten Abschluss und Endpunkt erreicht hat.

Bezüglich des Verhältnisses von Christentum und Literatur hat sich der Religionspädagoge und Literaturwissenschaftler Georg Langenhorst für eine exemplarische Vorgehensweise entschieden. Anhand jeweils eines Beispieles aus Drama, Epik und Lyrik legt er den prägenden Einfluss christlichen Gedankengutes dar und zeigt, wie hilfreich christentumskundliche Kenntnisse für die Literaturwissenschaft sind, um bestimmte Werke angemessen und besser zu deuten, als dies mit rein literaturgeschichtlichen Methoden möglich ist.

Exemplarisch geht auch der Rechtsgelehrte Axel von Campenhausen beim Verhältnis von Christentum und Recht vor. Er macht klar, welche Spuren das Christentum sowohl im Rechtsdenken bezüglich des Verhältnisses von Kirche und Staat als auch im positiven Recht hinterlassen hat, auch wenn uns diese Bezüge nicht immer konkret vor Augen stehen.

Noch überraschender ist vielleicht, dass selbst die Naturwissenschaft in ihrer neuzeitlichen Entwicklung ganz bestimmte Wege gegangen ist und Probleme behandelt hat, die ursächlich mit dem christlichen Kontext zusammenhängen, in dem sie entstanden ist und sich entfaltet hat. Darauf weisen anhand konkreter Beispiele die Mediziner Johannes Huber, Ulrich H. J. Körtner, Margit Pavelka und Franz Wachtler in ihrem Beitrag »Christentum und Naturwissenschaft« hin. Hierbei findet auch die Humanbiologie (unter besonderer Berücksichtigung der medizinischen Forschung) starke Berücksichtigung. Der Beitrag zeigt, dass es nicht abwegig ist, die Naturwissenschaft als eine teilweise stark vom christlichen

Einfluss geprägte und in Auseinandersetzung mit dem Christentum stehende Wissenschaft zu begreifen.

Der Beitrag »Christentum und Philosophie« des Philosophen Horst Folkers schließlich zeigt, dass ein Großteil des denkerischen Ringens der abendländischen Philosophie von der frühchristlichen Zeit bis in die neueste Zeit hinein als Lösungsversuche für Probleme verstanden werden kann, die durch theologische Grundfragen der Gotteslehre und speziell der Christologie initiiert waren. Die Frage also, weshalb etwa die islamische Philosophie keine mit der europäisch-abendländischen vergleichbaren Wege gegangen ist, findet in diesem Beitrag eine plausible Antwort: Sie stand vor keinem vergleichbaren logischen Paradoxon, wie es die Christologie der europäischen Philosophie abverlangt hat. Folkers' Beitrag führt an Augustin, Thomas von Aquin und Luther vor, wie das theologische Denken vom Ende der Antike bis zur beginnenden Neuzeit die philosophischen Überlegungen gesteuert und geprägt hat. In diesem Beitrag ist mit Händen zu greifen, was das Mittelalter mit der Formel vom Glauben, der das vernünftige Verstehen sucht (»fides quaerens intellectum«), gemeint hat und wie dies konkret umgesetzt worden ist. Der Beitrag zeigt aber auch, dass die neuzeitliche Philosophie in diesem Sinne nicht einfach etwas anderes gemacht hat. Sie führt – exemplarisch an Kant, Hegel, Schelling und Heidegger vorgestellt – dieses denkerische Ringen weiter, das durch die spezifisch christologisch ausgerichtete Theologie den menschlichen Geist bis an die Grenze des Denkbaren herausfordert. Dadurch wird in diesem Beitrag in besonderer Weise der prägende Einfluss des Christentums auf die Entwicklung der europäischen Philosophie und Geistesgeschichte zum Ausdruck gebracht.

Die in dem hier vorliegenden Band angesprochenen Formen des christlichen Einflusses auf die Kultur des christlichen Abendlandes sind in dieser Art der Zusammenstellung eine bislang einmalige Anthologie, die keine vergleichbare Parallele auf dem Buchmarkt hat. Sie löst das Anliegen dieses Buches ein, das Verhältnis von Christentum und Kultur anhand der europäischen Entwicklung zu beschreiben. Die Beiträge geben deshalb wichtige Anregungen für weitere vertiefende Studien in dieser Richtung; auf weiterführende Literaturhinweise wurde jedoch wegen der Komplexität der Materie bewusst verzichtet. Die Beiträge zeigen, dass es sich lohnt, Kulturen religionsgeschichtlich anzugehen und ihre spezifischen Entwicklungen als Konsequenzen aus den sie prägenden Einflüssen zu beschreiben. Möge die Lektüre dieses Buches für viele – Christen wie Nichtchristen – zu einer spannenden Entdeckung von Kulturprägung durch Religion, hier konkret durch das Christentum, werden!

1   Hans Maier, Welt ohne Christentum – was wäre anders?, Herder, Freiburg/Basel/Wien ²1999 (Herder Spektrum 4945).
2   Über Gott und die Welt. Eduardo Mendieta im Gespräch mit Jürgen Habermas, in: Befristete Zeit, hrsg. von Jürgen Manemann (Jahrbuch Politische Theologie, Bd. 3), LIT-Verlag, Münster/Hamburg/London 1999, S. 190–209, hier S. 191.

Christentum und bildende Kunst

KLAUS KOWALSKI

1. Was Kirche war – was davon blieb

Über die Hast und das Treiben in der Stadt von heute hätte sich kein mittelalterlicher Mensch gewundert: Das Leben in der Stadt war damals ebenso umtriebig wie heute, laut und reich an Abwechslungen. Verwundert hätte sich ein Stadtbewohner des Mittelalters allerdings über den Tageslauf eines heute Lebenden:

Morgens klingelt der Stufenwecker, stressiges Aufstehen, schnell einen Kaffee, Rennen nach der Bahn, die einen noch pünktlich zur Arbeitsstelle bringt. Stechuhr, Anfang der Arbeit, Mittagspause in der Kantine, wieder an der Arbeit. Nach dem ersehnten Ende noch schnell etwas einkaufen, zu Hause aus Fertigangeboten das Abendbrot bereiten, um noch die Tagesschau zu sehen. Danach ein Krimi oder ein Fußballspiel, bis zum Schlafengehen, mit der geringsten Aussicht, dass der folgende Tag anders verlaufen wird!

Wo sind die den Tag begleitenden christlichen Besinnungswerke geblieben, die einstmals den Tagesablauf gliederten? Vor noch nicht allzu langer Zeit gingen die Menschen morgens vor der Arbeit in die Frühmesse, zum Mittag zur Andacht, am Abend zur Vesper in die Kirche. Der Tag war gegliedert durch den Glauben an göttliche Segnungen und deren dankbare Annahme in der Kirche. Heute sind Kirchen oft nur noch herausgehobene Besichtigungsobjekte, touristische Attraktionen, sofern ihre Ausstattungen von bemerkenswerter Schönheit sind.

Dabei deutet die Lage der alten Kirchengebäude inmitten der Stadt, oft am Marktplatz, auf die zentrale Rolle, die dieses Gebäude einst im Leben einer Stadt spielte. Und wer besucht die kleinen, in den Straßenzügen der Neubaugebiete verborgenen modernen Pfarrkirchen heute, wenn nicht jemand, der vor allzu nervösem und lautem Getriebe der Stadt dort Zuflucht sucht, voller Sehnsucht nach einem Augenblick der Ruhe?

Ist der Gang zur Kirche zum Kunsterlebnis geworden? War die Form des Bauwerks, seine reiche Ausstattung mit Ornament und Bildwerk einem Bedürfnis nach schmucker Attraktion entsprungen?

2. Das Gotteshaus, die religiöse Bauaufgabe der Christen

Die besondere Form des Gebäudes, Schönheit und Reichtum der Ausstattung, Raum der Stille und Besinnung, Versammlungsraum der Gläubigen und Lebensraum der Geweihten in Stadt und Land – das sind keine alleinigen Merkmale christlicher Glaubenszuwendung. In fast jeder Religionsgemeinschaft werden für die Bedürfnisse der Gläubigen Bauten errichtet, gewissermaßen als Gefäße der Glaubensverrichtung. Wir sprechen von den Tempeln der Buddhisten, den Moscheen der Muslime, den Synagogen der Juden – Bauten, die recht unterschiedlich angelegt sind.[1] In deren Innern versammeln sich jeweils Menschen, um im geweihten Raum an einer Kulthandlung teilzunehmen, die Bindung an das Unsichtbare nicht zu verlieren.

Was also macht ein Gebäude zur Kirche, die Christen ihrem Gott seit 1700 Jahren bauen?

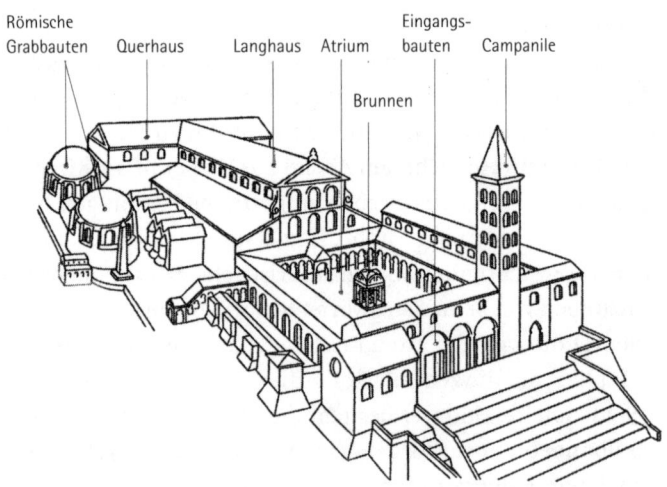

Abb. 1: Rom, Alt-St.-Peter; 326 geweiht, ab 1506 abgebrochen für den Bau der heutigen Peterskirche. Rekonstruktionsversuch nach Schöller-Piroli.

K. KOWALSKI

Warum das Haus Gottes nicht wie ein Wohnhaus aussieht
Die Kirche ist oft das »Haus Gottes« genannt worden. Nach allgemeiner Anschauung wird es Gott zum »Wohnen an diesem Ort« angeboten. Es ist weder früher noch heute mit anderen Gebäuden zu verwechseln. Der Grund hierfür liegt in dem Willen, für den christlichen Kult eine ihm entsprechende Bau- und Raumform zu finden. Darüber wacht »die Kirche«, die organisierte Gemeinschaft derer, die über die Fragen des Glaubens und deren Umsetzung in die Praxis nachdenken. So hat der Ausdruck »christliche Kirche« eine zweifache Bedeutung: Er bezeichnet das für Gottesdienste geweihte Gebäude und die institutionalisierte Gemeinschaft aller, die sich in Gedanken und Taten um die richtige Ausführung der Dienste an Gott kümmern.

In der fast 2000 Jahre langen Geschichte christlicher Architektur gab es zwei Grundtypen sakraler Bauten: den Lang- und den Zentralbau. Jener ist für den Gottesdienst bestimmt, während dieser dem zentralen Ereignis des christlichen Lebens vorbehalten ist: der Taufe. Ab dem Barock wurden beide miteinander kombiniert, und im 20. Jahrhundert setzte sich eine freie Verfügung über die Bauformen von Kirchen durch (Abb. 10).[2]

Der Altar, das Zentrum jeder christlichen Kirche
Das erste Wesensmerkmal des christlichen Kultes ist der Altar. Er ist das Zentrum christlicher Glaubensvermittlung und befindet sich deswegen auch im Brennpunkt des christlichen Kirchenraumes.[3] Er steht in der Regel im östlichen Teil, drei Stufen erhöht, vom übrigen Raum abgetrennt, aber gut sichtbar und meist dem Haupteingang gegenüber (Abb. 1, 2 u. 3). Er kennzeichnet den Mittelpunkt des Glaubens, den Ort, an dem mit Brot und Wein des Abendmahls Christi gedacht und die Auferstehung nach dem Tode verheißen wird.

Der Altar besteht aus einem Tisch mit einer Steinplatte (Mensa) und einem Unterbau (Stipes), in dem in der Frühzeit des Kirchenbaus auch der Titelheilige der Kirche niedergelegt sein konnte, wie dieses heute noch z. B. in St. Stephan in Regensburg zu sehen ist. In Kirchen des katholischen Ritus befindet sich bis heute in der Altarplatte eine Reliquie des Hauptheiligen, dem die Kirche geweiht, d. h. zum Schutz anempfohlen wurde. Nach ihm ist die Kirche benannt. So ist »St. Stephan« als katholische Kirche erbaut, eine mit dem Namen »Kaiser-Wilhelm-Gedächtniskirche« (Berlin) ist sicher eine protestantische Kirche.

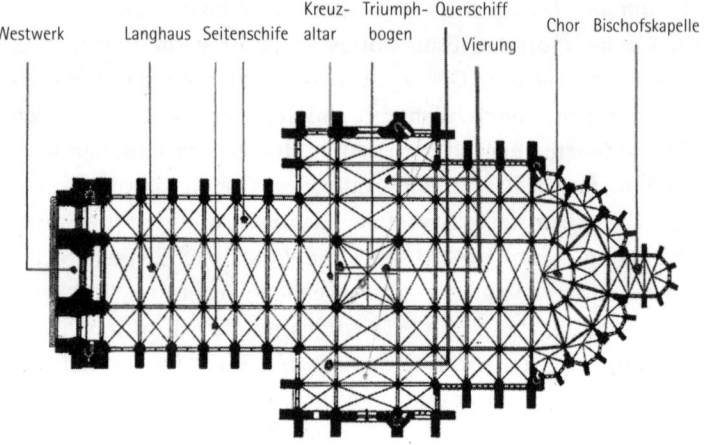

Westwerk Langhaus Seitenschife Kreuz-altar Triumph-bogen Querschiff Vierung Chor Bischofskapelle

Abb. 2: Amiens, Kathedrale Notre-Dame, Bauzeit 1220–69. Grundriss (nach Jean Roubier).[4]

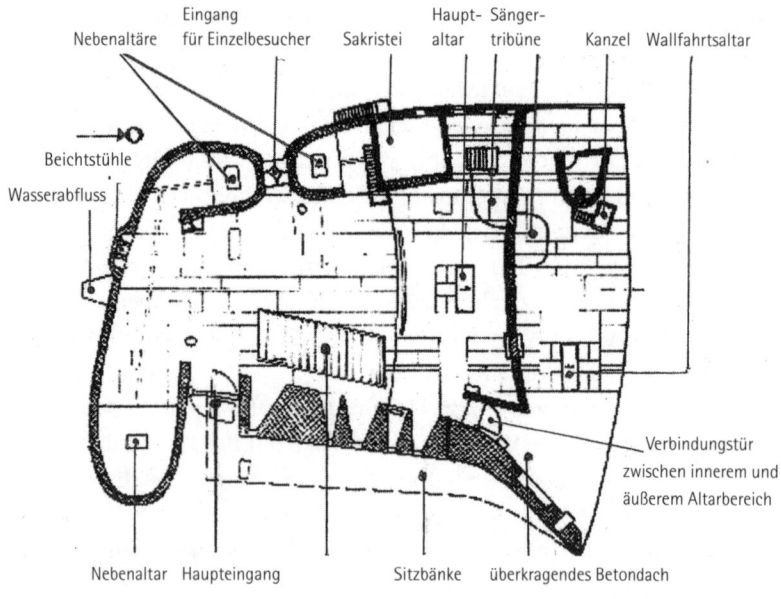

Nebenaltäre Eingang für Einzelbesucher Sakristei Haupt-altar Sänger-tribüne Kanzel Wallfahrtsaltar

Beichtstühle
Wasserabfluss

Verbindungstür zwischen innerem und äußerem Altarbereich

Nebenaltar Haupteingang Sitzbänke überkragendes Betondach

Abb. 3: Ronchamp, Wallfahrtskirche Notre-Dames-du-Haute. Le Corbusier 1952–54, Grundriss.

Der den Hauptaltar umgebende Raum wird »Chor« genannt, und sein Abschluss, die Apsis, hatte bis zur Gotik meist einen halbkreisförmigen, später polygonalen, heute oft unregelmäßigen Grundriss (Abb. 2, 3 u. 10). Stets hat man sich bemüht, ihn hell und durchlichtet zu bauen, denn das Licht ist ein Symbol für Christus. Deswegen werden die christlichen Kirchen auch »geostet«. Der Hauptaltar ist der aufgehenden Sonne, Christus, zugewendet, während der Eingang in die christliche Kirche im von Dämonen bedrohten Westen liegt.

Der Gemeinderaum, Hauptraum des Kirchengebäudes
An den Chor schließt sich ein größerer, meist länglicher, auf den Altar hin gerichteter Hauptraum an. In ihm sitzt, steht oder kniet die Gemeinde während des Gottesdienstes. Kirchengestühl war vor dem 18. Jahrhundert die Ausnahme. Oft gliedern sich dem Hauptraum weitere Räume an: das Querschiff (Sitzraum für die Kanoniker), die Seitenschiffe (Prozessionsräume während des Gottesdienstes), die Emporen über den Seitenschiffen (früher für die Frauen bestimmt).

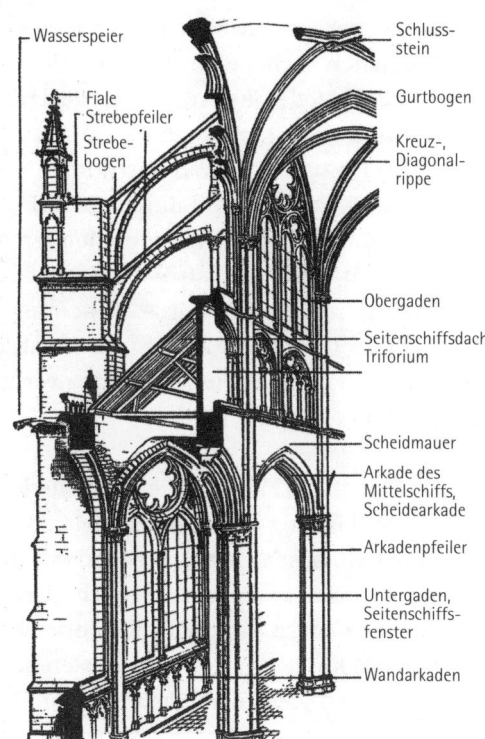

Wasserspeier
Schluss-stein
Fiale
Strebepfeiler
Strebe-bogen
Gurtbogen
Kreuz-, Diagonal-rippe
Obergaden
Seitenschiffsdach
Triforium
Scheidmauer
Arkade des Mittelschiffs, Scheidearkade
Arkadenpfeiler
Untergaden, Seitenschiffs-fenster
Wandarkaden

Abb. 4: Amiens, Kathedrale,
1220–69;
Strebewerk und Wandaufbau
(nach Wilfried Koch).[5]

Die Wände des Hauptraums werden in den Bauten vor 1900 von Pfeilern und Säulen getragen, die mit Bogen untereinander verbunden sind (Arkaden, Abb. 4). Der obere Teil des Hauptraumes überragt die Seitenschiffe und ist von Fenstern durchbrochen. Ein offener Dachstuhl, eine Flachdecke oder ein Gewölbe schließen den Raum ab. Eine solche räumliche Anordnung wird »Basilika« genannt – eine Raumform der christlichen Kirche, die über Jahrhunderte den Bedürfnissen der zum Altar hinführenden Anbetung am meisten entsprach (Abb. 4 u. 6).

Je nachdem, welche Einstellung eine Zeit zum Licht und welche technischen Möglichkeiten sie hatte, wurden die Fenster ausgestaltet. In der Romanik durchbrechen wenige Rundbogenfenster eine dicke Wand (z. B. Stiftskirche Gernrode am Ostharz); in der Gotik bevorzugte man große, die Wand auflösende Glasfensterreihen, deren steinerne Fassungen außen von Pfeilern und Bögen gestützt werden (z. B. Kathedrale von Amiens, Abb. 4). Im Barock versuchte man die Fenster möglichst unsichtbar für den Besucher anzuordnen, um das Erleuchtete des Kirchenraums geheimnisvoll zu steigern, wie dieses z. B. in der Klosterkirche Zwiefalten nachzuerleben ist (Abb. 5).

In der Moderne werden indirekte Lichtöffnungen und unregelmäßige Fensterformen bevorzugt, die oft auch Teile der Mauer oder des Dachs geworden sind (z. B. Wallfahrtskirche Ronchamp, Abb. 3).

Das Tageslicht wird durch die farbigen Fenster in ein heiliges Licht verwandelt. So waren die gotischen Kirchenbauer davon überzeugt, dass das Licht beim Durchdringen der Heiligendarstellungen auf den Glasfenstern selbst heilig wurde. Wer einmal beobachtet hat, wie das farbige Licht der Glasfenster Pfeiler und Wände einer solchen Kirche in eine unwirkliche, immaterielle Substanz verwandelt, erlebt noch heute, wie wahr diese Ansicht ist.

Eintritt und Weg des Christen durch die Kirche

Der Eingang in das Kirchengebäude wurde als Sinnbild des Eintritts in das christliche Leben verstanden (Abb. 1). Weiter oben wurde schon von der Basilika als einem »gerichteten Raum« gesprochen. Dies ist kein Zufall, sondern entspricht der christlichen Vorstellung vom Symbolgehalt des Kircheninneren. Im Westen befand sich eine Vorhalle mit drei bis fünf Eingängen, die heute bis auf den Durchgang unter eine Orgelempore oder einen Turm reduziert sein kann. In frühen Zeiten gab es davor noch einen Atriumshof mit Brunnen, an dem sich die Ankömmlinge reinigen konnten (Abb. 1). Die Eingänge wurden von Türmen, Fensterrosen, Gesimsen, Säulen, Nischen und Plastiken umgeben (Abb. 6 u. 8).

Abb. 5: Klosterkirche Zwiefalten, 1741–65, Innenansicht nach Osten;
Architektur: Johann Michael Fischer; Stukkatur: Johann Michael Feichtmayr;
Malerei: Franz Josef Spiegler.

CHRISTENTUM UND BILDENDE KUNST

Jeder, der sich auf diese Situation einstellt, spürt, dass es sich hier um einen ausgezeichneten Ort christlicher Glaubenswirklichkeit handelt. Mit ihr haben sich die Baumeister zu allen Zeit besonders beschäftigt. Hier wechselt der Ankömmling vom Außen zum Innen, vom öffentlichen Sein in die intimere Sphäre des Dabei-Seins, so dass beim Eintreten in den Kirchenraum auch der Eintritt in das christliche Leben noch einmal symbolisch nachvollzogen wurde.

So empfanden schon die frühen Christen. Sie sahen im Betreten der Kirche einen Akt des Bekenntnisses zur christlichen Glaubensgemeinschaft. Sie waren der Ansicht, dass der aus der profanen Welt Eintretende jetzt ein auf Christus hin gerichtetes Leben beginne. In der Romanik betonten Türme diese Stelle. In die wehrhaft anmutenden Mauern wurde ein relativ kleines, nach innen abgestuftes Portal geschnitten wie es z. B. noch am Münster zu Aachen erhalten ist. Die gotischen Baumeister kamen zu einer dreitorigen Ausgestaltung, in der sie die Pforten zum Himmel symbolisierten (Abb. 6).

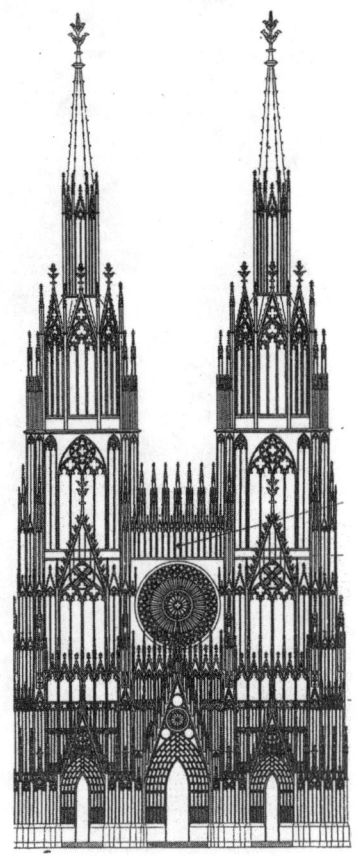

Turmgeschoss

Königsgalerie

Rosengeschoss

Portalzone

Abb. 6: Straßburg, Münster;
Entwurf der Westfassade,
so genannter »Riss B«, um 1275
(nach F. A. Kersting).[6]

Die Eingangszone wurde erweitert und mit Säulen und Figuren ausgestaltet (Abb. 8). Theologische Programme bezogen sich auf die Darstellung des Weltgerichts, der Wiederkunft Christi, der Legenden von Heiligen, der Darstellung des Zusammenhangs zwischen Altem und Neuem
Testament, der Weissagungen der Propheten und des Lebens Jesu bis hin
zur Einbettung der christlichen Glaubensgeschichte in den jahreszeit-
lichen Wechsel der Monate und die kosmische Einbindung durch die
Tierkreiszeichen.

In der Gegenwart verschwimmen die Grenzen zwischen innen und
außen. Der Gang in die Kirche ist keine repräsentative Form einer allein
sinnvollen Lebensweise mehr, sondern eher eine augenblickliche, wider-
rufbare, subjektive Entscheidung, für die eine sich nach außen öffnende
Architekturform gefunden wurde.[7]

Der Kirchenbau – das Bild christlicher Hoffnungen

Der in den Kirchenraum Eintretende hatte von Anbeginn an das Ziel
des christlichen Strebens im Blick: den Kreuzaltar (Abb. 2). Das vom Tri-
umphbogen herabhängende Kruzifix weist auf die Überwindung des Todes durch Christus hin und bezeichnet die Grenze zwischen dem Erden-
dasein (Hauptraum) und der Verheißung ewigen Lebens (Chor).

Der lebenszeitlich motivierten Erstreckung der Basilika in die Tiefe
entsprach eine sich in die Höhe entwickelnde Hierarchie gradueller Stufen der Gottesnähe. Sie begann bei den Säulen, die – durch Arkadenbö-
gen miteinander verbunden – als Versammlung der Apostel als den wahren Stützen der Kirche auf Erden angesehen wurden. Darüber befanden
sich oft Medaillons der Päpste, der Verwalter des Jenseits im Diesseits
(z. B. Siena, Dom). Auf dem Wandstreifen zwischen Arkaden und Fens-
terreihen wurde das Leben Jesu oder das einiger Heiliger und ihrer Wundertaten veranschaulicht (z. B. Reichenau, Oberzell). In Fensterhöhe – der
Lichtzone – reihten sich die Heiligen als Vermittler zwischen dem Diesseits und Jenseits auf, bis schließlich der Dachstuhl oder ein Gewölbe –
als himmlischer Himmel gedeutet – den christlichen Kirchen- und Lebensraum der Gemeinde überwölbte. Hier fanden sich Symbole der Verheißung wie in den Schlusssteinen der Rippengewölbe der Gotik (z. B.
Chor des Aachener Münsters) oder dem Blick in den sich öffnenden Himmel, aus dem Heilige helfend herabschweben (z. B. Klosterkirche Zwiefalten, Abb. 5).[8]

Das Kirchengebäude diente unterschiedlichen Zwecken. Neben den Kathedralen und Domen als Bischofskirchen gibt es die Pfarr- und Bettelordenskirchen. Aus der Sehnsucht nach einer asketischen Gemeinschaft der Gläubigen entsteht inmitten des Klosters mit allen seinen Funktionsräumen die Klosterkirche, und der Glaube an wundersame Ereignisse bringt die Wallfahrtskirchen hervor.

Alles in allem lässt sich die Kirchenarchitektur als materielle Nachformung der Glaubensinhalte in der fest gefügten Ordnung von Theologie und Liturgie verstehen, in die sowohl das individuelle Schicksal als auch die Ordnung der Welt im Sinne der Offenbarung eingeformt worden sind.

3. Die Vergeistigung des Körperlichen in der kirchlichen Plastik

Wie konnte es in einer Glaubensgemeinschaft, deren Theologie den Körper als ein Anhängsel des Geistes interpretierte, zu einer christlich motivierten Plastik kommen? Anfänglich waren die Christen gezwungen, sich von den sinnlichen Körperkulten der Spätantike durch Betonung des Immateriellen abzusetzen. Das war kein günstiges Klima für eine christliche Plastik, die der Vergeistigung im Glauben an Christus körperlichen Ausdruck geben sollte.

Gefäße für Reliquien
Die Materialisierung von geistigen Vorstellungen wurde notwendig, als man für die in antiken Friedhöfen gesammelten Reliquien Behältnisse benötigte. Es entstanden Gefäße aus Holz, Metall und Elfenbein, in die Überreste, lat. Reliquien, von Heili-

Abb. 7: Imad-Madonna, gestiftet als Reliquienbehälter von Bischof Imad, Paderborn, um 1055.[9] Diözesanmuseum Paderborn.

gen gelegt wurden, und es ist nicht schwierig sich vorzustellen, dass die Behälter auch zeigen sollten, was sie in sich trugen. So entstanden hohle, aufklappbare Plastiken von stehenden und sitzenden Heiligen (Abb. 7) und deren Köpfen (Kopfreliquiar) oder Gliedmaßen (z. B. Armreliquiar). Die Absicht, den Inhalt durch die Außenhülle zu vergegenwärtigen, widersprach den vergeistigenden Grundprinzipien christlichen Glaubens nicht, denn man wusste zwischen einem Inneren und einem Äußeren, der Seele und dem Körper als ihrem Träger, zu unterscheiden.

Die Gegenwärtigkeit der Heiligen

Aus diesem Gebrauch entstand die Auffassung, die Gestalt des Heiligen könne auch ohne eine in ihn gelegte Reliquie hilfreich für Gebet und Wunderwirken sein. So entwickelte sich die christliche Monumentalplastik des hohen Mittelalters, die gleichwohl nur selten aus einer frei stehenden Figur bestand, sondern sich in die Kirchenarchitektur einzufügen hatte (Abb. 5 u. 8).

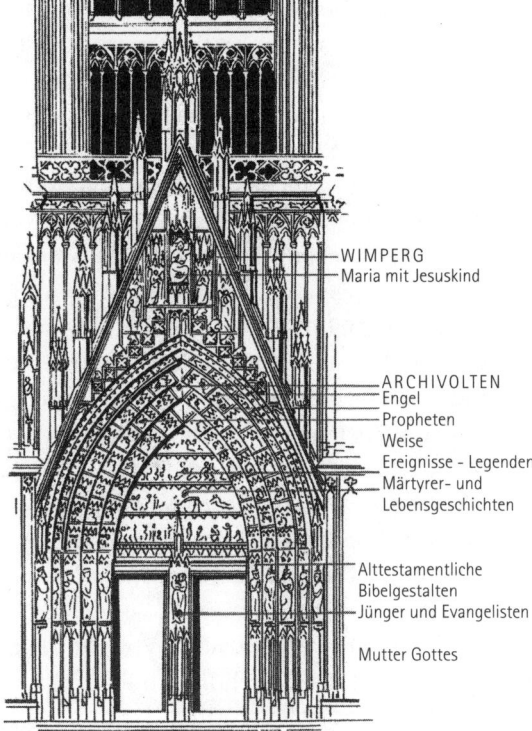

WIMPERG
Maria mit Jesuskind

ARCHIVOLTEN
Engel
Propheten
Weise
Ereignisse - Legenden
Märtyrer- und
Lebensgeschichten

Alttestamentliche
Bibelgestalten
Jünger und Evangelisten

Mutter Gottes

Abb. 8: Köln, Dom, Hauptportal;
2. Hälfte 19. Jahrhundert,
nach dem hochgotischen Plan
aus dem 13. Jahrhundert
(nach Wilfried Koch).[10]

Die Kirche wurde als ein Abbild des »Himmlischen Jerusalem« angesehen, in das sich die Darstellungen der Heiligen, der Verwandten Christi und Christus selbst sowie deren Vorfahren einzuordnen hatten. Jedem Kirchgänger waren sie an den Portalgewänden und den Pfeilern der Hauptschiffe gegenwärtig, wo sie den Gedanken veranschaulichten, die Stützen der Kirche seien die Heiligen und Apostel. Als plastische Bilder waren sie leibhaftig und in ihren damals farbigen Fassungen unübersehbar.

Heilige Menschen als Glaubenszeugen

Am Ende des 14. Jahrhunderts geriet der Bau der großen Kathedralen wegen Geldmangels und als Folge einer veränderten Glaubensauffassung ins Stocken. Als die liturgische Form bischöflicher Gottesdienstordnungen den Sorgen der Einzelnen nicht mehr gerecht werden konnte, verlor auch die Plastik ihre repräsentative Aufgabe. Die Folge war ein Individuationsprozess, in dem die leibliche Darstellung der Mutter Gottes und ihres toten Sohnes (Pieta) sowie auserwählte Heilige für die persönliche Andacht geschaffen wurden. Die Darstellungen gewannen in der zweiten Hälfte des 15. Jahrhunderts an Gemütsbewegung und seelischer Tiefe, die sich auch auf die Darstellung von Martyrien ausdehnte. Die plastische Darstellung seelischer Befindlichkeiten wurde zum Medium der persönlichen Rührung und Andacht. Auch die Heiligenlegenden, im Mittelalter von Mund zu Mund weitergetragen, wurden nun in Reliefs veranschaulicht[11], und für die Andacht und Trost Suchenden wurden die Heiligen real existierende Ansprechpartner im Bittgebet.

Die Darstellung christlicher Motive im engeren Sinne wurde durch die Aufklärungsbewegung und den Humanismus ab der Renaissance nicht sonderlich gefördert. Die Verkörperung des ideell schönen Menschen (Michelangelo, 16. Jahrhundert[12]), die Gesten der Empfindung und des Gefühls (Thorvaldsen, erste Hälfte 19. Jahrhundert[13]) und die Wiedergabe freier Körperbewegungen (Rodin, letztes Viertel 19. Jahrhundert[14]) verdrängten zunehmend die an christliche Vorgaben gebundenen religiösen Schilderungen.

Die Welt der Dinge und die Verdinglichung des Alltäglichen

Anfang des 20. Jahrhunderts entdeckten die Plastiker den Umraum, bemächtigten sich der Alltagswelt und objektivierten sie durch ihren

Funktionsverlust. Der ästhetische Gegenstand, das »ready-made«, schließlich die Objektkunst, das Environment und die Land-art entstanden und verstellten zunehmend die Möglichkeit, christliches Gedankengut in die neuen Formen des Darstellens und Vergegenwärtigens unmissverständlich einzubringen.[15] So geriet auch hier die christliche Motivik in einen schwer zu überbrückenden Gegensatz zur neuesten Entwicklung.

4. Rühmen und Erzählen vom Glauben durch Bilder

Das gemalte, flächige Bild war der Antike durchaus geläufig, nur hat sich davon wenig erhalten. Die mythischen Ereignisse, später die Persönlichkeiten und Ereignisse des politischen und kulturellen Lebens waren Gegenstand der Malkunst. Vor allem aus den Kaiserportraits (Clipeus) entwickelte sich die christliche Bildauffassung nicht ohne Schwierigkeiten und Rückschläge.

Das authentische Bild[16]

Dem Andenken Verstorbener wurden schon in vorchristlicher Zeit Bilddarstellungen gewidmet. Sie zu unterbinden und auf die geistige Vorstellung von Gottes Sohn, Maria und die Apostel zu lenken, gelang in der Zeit der Kirchenväter nicht. Obwohl versucht wurde, das Göttliche in Christus als nicht darstellungsfähig und das Menschliche in Christus als nicht darstellungswürdig zu deklarieren, hielt sich die Sehnsucht nach einem die Vorstellung beflügelnden Bild des Gottessohnes, seiner Mutter Maria und einzelner Heiliger. Die Ikone entstand als ein der Existenz der Dargestellten gleichwertiges Bild, das Wunder wirken konnte und so verehrungswürdig war wie die Reliquie selbst. Es begann ein Wettstreit um die authentische Darstellung, der dazu führte, Bildtypen auf einen einzigen Urtypus zurückzuführen, wie z. B. den von der Mutter Gottes, die nach apokryphen Berichten einst der Evangelist Lukas gemalt haben soll. Die Authentizität des Bildes entsprach seiner Wirkung, und diese wiederum ließ sich durch die genaue Wiedergabe nach dem Urbild erhalten. So kam es, dass sich die Bildtypologie des frühen Mittelalters wenig wandeln konnte.

Erst Karl d. Gr. lehnte die Auffassung von der Anbetungswürdigkeit des im Bilde dargestellten Heiligen ab. Er befürwortete stattdessen Bilder, die die Vorstellungskraft des Gläubigen förderten und dem Sich-Er-innern dienten. Es entstand eine christliche Bildlehre (Ikonographie), die sich einerseits an die durch Texte vorgegebenen Motive christlicher Vor-stellungen vom Leben Jesu, seiner Familie und der Familie der Heiligen zu halten hatte, andererseits aber die gestaltende Auslegung durch den Künstler duldete. Das führte zur allmählichen Entwicklung einer das au-thentische Vorbild interpretierenden Darstellung der Heiligen und ihrer Wunderhandlungen, des Lebens Jesu und dessen Passion – Bildmotive, die das gesamte Mittelalter auf Altären, an Kirchenwänden, Gebetsni-schen der Wohn- und Krankenhäuser sowie in den Palästen der Adligen und der Geistlichkeit zu finden waren.

Die Aura des Kostbaren und Köstlichen

Das Spätmittelalter liebte eine überzeugende, reiche Ausstattung der Kircheninnenräume mit Bildern, bemalten Altarschreinen und dem Flü-gelaltar. Dieser anwachsende Strom von Bildeinfällen wurde erst durch die aufkommende Reformation unterbrochen. In dieser seelischen Wirr-nis wurde nach Ordnungsgesichtspunkten gerufen, die der Renaissance-maler durch die Einführung mathematischer Proportionierungen nach-zuweisen suchte. Gottes Welt vor dem Sündenfall noch einmal in der Malerei nachzuformen, empfand er als seine Aufgabe. Aber das schlecht-hin Schöne der dargestellten Menschen, die paradiesische Nacktheit, aus der antiken Kunst entlehnt, schlug vom religiösen zum ästhetischen Er-leben um, dem sich dann der Manierismus annahm. Erstmals erlitten die Vorstellungen der Künstler durch die Auflagen der Theologen Ein-bußen. Zum ersten Mal gerieten persönliches Erleben und Theologie in Konflikt.[17] Es begann eine z. T. subversive Unterwanderung des sakralen Charakters der christlich motivierten Bilder, begleitet von einer Art Gegenkultur der Ritter, Fürsten und Könige. Sie führte schließlich zur Hofkunst der Renaissancefürsten und wurde eine der Grundlagen für eine Verquickung profaner und sakraler Machtansprüche im Barock, die bis in die politische Ordnung der Gesellschaft reichte. Erstmals waren sakrale und profane Kunst gleichwertig.

Im gleichen Zeitraum (1430/1580) diente die neu erfundene Druck-grafik der Volksfrömmigkeit, weil sie billig herzustellen, überall zu ver-treiben und in jedem Winkel des Hauses der Andacht dienlich war. Doch bald wuchsen auch hier die von den Künstlern bevorzugten Thematiken über das Christliche hinaus und wandelten sich zu einer psychologischen, sozialen und politischen Entäußerungsform des Künstlers.[18]

Bilder aus der Gefühls- und Vorstellungswelt des Glaubens
Noch einmal wurde in Folge des Trienter Konzils (1563) ein Weg gefunden, die religiösen Interessen der Kirche gegenüber den realistischen der Maler durchzusetzen. Das Zusammenwirken von Raumkunst, Malerei, Plastik und Ornament, von Lichtführung und Musik, deren Quellen durch ein geschicktes Arrangement verborgen blieben, vermochten ein letztes Mal die abweichenden Gedanken des Einzelnen in eine Bahn zu lenken, deren Ziel die Gottesschau mit der Seele wurde (Abb. 5). Das Auratische wandelte sich zur gelungenen Inszenierung des Augenblicks im Gesamtkunstwerk. Die Messhandlungen in der Kirche konzentrierten die Sinneserlebnisse der Anwesenden in Gestalt, Farbe, Licht, Klang und Duft so eindrucksvoll, dass sie den Gläubigen zu einem hingebungsvollen Gefühl der religiösen Teilhabe am Christlichen fern jeder reflektiven Störung verhalfen.

Die Gegenbewegung in Form von Tafelbildern mit humanistisch durchsetztem Gedankengut (z. B. Poussin) wurde von den Aufklärern des 18. Jahrhunderts unterstützt. Mit der Französischen Revolution brach die schon lange vorhandene Widersprüchlichkeit des Religiösen und des Ästhetischen deutlicher als je zuvor auf. Individualistische Tendenzen in der Malerei kamen zum Vorschein, die bis heute der bestimmende Ausdruck in unserer Kultur geblieben sind.

Das rationale Bild und das Irrationale des Glaubens
Nun wandten sich die Maler in romantischer Aufwallung der Natur zu und schufen Landschaftsbilder, in denen sie einer eher pantheistischen Grundstimmung Ausdruck verliehen. Andere wandten sich dem realen Leben zu und malten vorhandenes Elend, Arbeit und Sterben als aufrüttelnde Motive, die bald nicht mehr christlich, sondern politisch motiviert waren. Eine dritte Gruppe von Malern widmete sich dem christlichen Historienbild, das zwar wissenschaftliche Fragen der Bibeldeutung aufwerfen, aber mit seinen tradierten Vorstellungsinhalten nicht mehr zum naiven Glauben zurückführen konnte.[19] So zerstob der immer wieder angegangene Versuch, christliches Fühlen und Denken verbildlichen zu können. An seine Stelle trat die Darstellung persön-

licher Erlebnisse und Empfindungen, die so religiös und christlich waren wie alle Traditionen europäischer Kultur, aber von der Theologie nicht mehr akzeptiert wurden – wie etwa die religiöse Altarmalerei eines Emil Nolde (Abb. 9).[20]

Abb. 9: Emil Nolde, »Kreuzigung«, 1912 (Wvz Urban 477) aus dem neunteiligen Werk
»Das Leben Christi« 1911/12. Öl auf Leinen, 220,5 x 193,5 cm, Altar, Mittelbild;
© Stiftung Seebüll Ada und Emil Nolde, Neukirchen.

Der Streit um die christliche Botschaft in expressionistischen Bildern brachte die Diskrepanz zwischen Theologie und erlebtem Christentum an den Tag. Bis heute ist dieser Zwiespalt geblieben, der ein immer größer gewordenes Gebiet persönlichen religiösen Ausdrucksbedürfnisses von dem theologisch für erforderlich Gehaltenen trennt.

5. Krisen christlicher Kunst

Die bildende Kunst diente den christlichen Kirchen in fast allen Perioden ihrer Geschichte als geduldige Magd bei der Veranschaulichung wechselnder theologischer Vorstellungen. Dennoch hat es einige Krisen im Verhältnis zwischen christlicher Theologie und den bildenden Künsten gegeben. Sie vollzogen sich auf unterschiedlichem Niveau. Die nutzbringende Symbiose von bildender Kunst und christlicher Lehre wurde nur vier Mal im Verlauf ihrer Geschichte prinzipiell in Frage gestellt. Daneben gab es Misshelligkeiten, die aber das Verhältnis zwischen bildender Kunst und christlicher Theologie nie ernsthaft gefährdeten, wie z. B. die inquisitorische Frage, ob die Anwendung der Perspektive Gotteslästerung sei oder nicht.[21]

Vergeistigung oder Vergegenwärtigung?

Eine erste Krise löste die Frage nach der Einstellung der Frühchristen gegenüber der kunstfreudigen spätantiken Gesellschaft aus. Die erwünschte prinzipielle Ablehnung einer Kultur, die auf dem sinnlichen Dasein beruhte, ließ sich jedenfalls von Anbeginn an nicht durchhalten. Dieses beweisen die Malereien in den Katakomben ebenso wie die spätantiken Gestaltungen christlicher Inhalte auf Sarkophagen und durch Plastiken. Tendenziell war man sich einig, dem offenbarten Wort Gottes eine Vorrangstellung zu geben und nur eine unkörperliche, vergeistigte Bildform anzuerkennen, wie sie sich in der Buchmalerei und den frühchristlichen Mosaiken zeigt. Doch leisteten die zahllosen Elfenbein- und Goldreliefs der Kleinkunst einen z. T. wegweisenden Beitrag zu einem neuen Verständnis des Verhältnisses von bildender Kunst und christlicher Theologie.

Bild oder Zeichen?

Eine zweite ernsthafte Gefährdung dieses Verhältnisses kam aus dem oströmischen Reich, als die Orthodoxie das Bild eines Heiligen – die Ikone – gleich dem Heiligen selbst für anbetungswürdig erklärte. Dem traten die Ikonoklasten (Bilderstürmer) erstmals 726 n. Chr. als Feinde jeglicher abbildenden Darstellung von christlichen Inhalten entgegen. Sie versuchten eine bilderlose, nur an den heiligen Schriften orientierte Glaubensverwirklichung durchzusetzen und duldeten nur symbolträchtige Zeichen, wie z. B. den Kelch, das Lamm oder das Kreuz. Zwei Jahrhunderte tobte die oft gewaltsame Auseinandersetzung, bis im 11. Jahrhundert die Ikonenanhänger obsiegten.[22]

Schon kurz nach dem Ausbruch der Streitigkeiten im 8. Jahrhundert hatte Karl d. Gr. in Reaktion auf die Konzilsbeschlüsse von Nicaea (787) die weströmische Auffassung von der Funktion des religiösen Bildes dargetan.[23] Danach sollte das Bild eine die Erinnerung stützende (illuminare) und die Sache verdeutlichende (illustrare) Funktion haben. Die Bildwerke mit christlichen Motiven sollten daher eine jedem verstehbare Fassung der religiösen Inhalte anstreben. Diese für die westliche Welt schließlich gültige Anerkenntnis der christlichen Kunst hat der abendländischen Plastik und Malerei die Möglichkeit eröffnet, individuelle Vorstellungen zu entwickeln und einer Wandlung der Bildmotive und -stile grundsätzlich zuzustimmen. Etwa ab 1300 begann sich eine vom Oströmischen unabhängige abendländische Bildauffassung durchzusetzen. Der »Pakt« zwischen Kunst und Theologie hielt bis zum Manierismus am Ende des 16. Jahrhunderts.

Die Ablehnung von Bildern war noch öfter Gegenstand der Auseinandersetzung mit der offiziellen Kirche. Die Reformorden (12. Jahrhundert), die Calvinisten und Hugenotten (16. Jahrhundert) sowie die französischen Revolutionäre von 1789 wandten sich entschieden gegen die Macht der christlichen Bilder und suchten sie aus je unterschiedlichen Gründen zu zerstören. Doch wurde die Auseinandersetzung nie mehr so grundsätzlich wie zur Zeit der Ikonoklasten.

Ist der Künstler Diener oder Schöpfer?

Die dritte Krise zog herauf, als sich – durch die Beschlüsse des Tridentinischen Konzils 1563 befördert – Protestantismus und Katholizismus voneinander lossagten. Künstler und Theologen gerieten in einen Konflikt, aus dem die moderne Entwicklung einer autonomen bildenden Kunst hervorging: Während die Theologen an der mittelalterlichen Auffassung festhielten, dass Gott Geist und Hand des Künstlers führe, beanspruchte der Künstler erstmals, nicht der Diener Gottes, sondern der Interpret seiner eigenen Gefühle und Vorstellungen zu sein.[24] Der Eigenmächtigkeit des Künstlerischen versuchte die Katholische Kirche durch die Gründung von theologisch ausgerichteten Kunstakademien (Accademia di San Luca, 1557, Rom), die Kontrolle der Gestaltungsabsichten von Künstlern (z. B. Caravaggio, um 1590) sowie durch fromme Architekturtraktate über den christlichen Kirchenbau (z. B. Mailänder Visitationsbüchlein des Bischofs von Mailand, Karl Borromäus, 1570) zu begegnen. Es gelang, der für die christlichen Inhalte in der bildenden Kunst gefährlichen Entwicklung Einhalt zu gebieten, wovon die Sakralarchitektur bis zum Ende des Barock beredtes Zeugnis ablegt. Dennoch legten die Absolventen staatlich gelenkter Ausbildungsstätten (z. B. der Académie Royale de Peinture et de Sculpture, 1648 unter Ludwig XIV. gegründet) ab der Mitte des 17. Jahrhunderts und Autodidakten (z. B. Maler holländischer Landschafts- und Genrebilder) die Grundlagen für die heutige Auffassung von der prinzipiellen Freiheit des künstlerischen Ausdrucks. Es setzt die unaufhaltsame Profanisierung der bildenden Künste ein. Seitdem wird zwischen einer profanen und einer sakralen Kunst unterschieden.

Christliche Bindung oder Autonomie der Kunst?

Die vierte, bisher tiefgreifendste Krise einer christlich orientierten Kunst setzte ein, nachdem es zu Beginn des 19. Jahrhunderts nicht gelang, die divergierenden Kräfte der Orientierung an der Geschichte, den individuellen Empfindungen des Einzelnen und der funktional argumentierenden Industriegesellschaft in einem neuen Bild von christlicher Kirche zusammenzufassen. Der langsame Verdrängungsprozess der christlichen Kirchen aus den Machtpositionen der von Industrie, Handel und individuellen Entscheidungen bestimmten städtischen Kultur zu Beginn des 20. Jahrhunderts war daher nicht aufzuhalten. Die immer

breiter werdende Kluft zwischen der Darstellung persönlicher Befindlichkeiten und autonomer Fragestellungen auf der Seite der bildenden
Künstler und den liturgischen Forderungen der Kirchen auf der Seite der
christlichen Theologie ließ sich kaum mehr überbrücken (z. B. Piet Mon-
drians Auffassung, mit seinen gegenstandslosen Bildern die Ikonen des
20. Jahrhunderts zu malen![25]). Die für beide Seiten über Jahrhunderte
fruchtbare Symbiose von bildender Kunst und Christentum war zerbrochen.

6. Heutige Schwierigkeiten

Eine allgemein verbindliche Form des Kirchenbaus gibt es nicht mehr
(Abb. 3 u. 10).

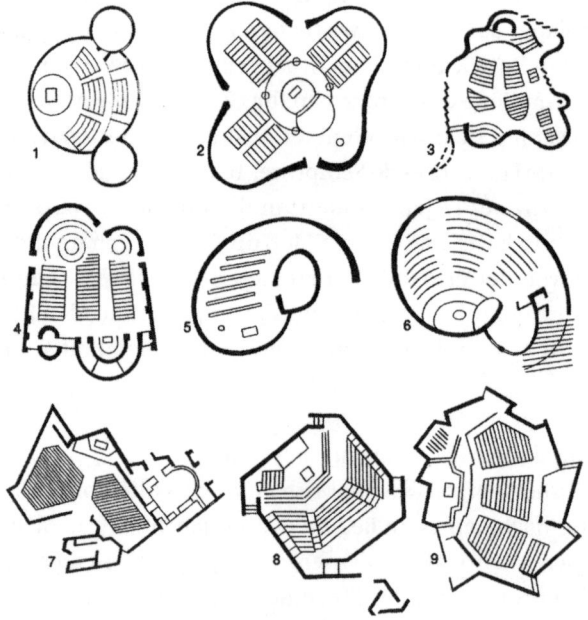

Abb. 10: Schemata moderner Kirchenbauten. 1 Circumstantes; 2 Weilheim/Obb.
(Projekt); 3 Hammelburg; 4 Gladbeck, St. Petrus; 5 Billings, Kapelle;
6 Ludwigswinkel-Fischbach, St. Ludwig; 7 Berlin-Schöneberg, Paul-Gerhardt-Kirche;
8 Düsseldorf, Bonhoefferkirche; 9 Dahl-Friedrichsthal (nach Hans Koepf).[26]

K. KOWALSKI

Christliche Bilder sollen in Räumen sakralen Sinn stiften, Plastiken den Geist des Christlichen aktualisieren. So klar die Vorstellungen sind, so widersprüchlich sind die Antworten in einer dem individuellen Erleben zugetanen Welt geworden. Einen Ausweg gibt es auf dem Wege einer allgemein verfügten Theologie im Bereich des Konzeptionellen nicht mehr. Wirklichkeit ist, was jeder für sich erlebt[27], und so wirkt jeder auch an *seinem* Bild einer christlichen Haltung in dieser Welt. Die Beliebigkeit – ein Leitbegriff der Postmoderne – hat an den Grenzen christlicher Theologie nicht Halt gemacht: Die Künstler haben sich dem Christlich-Dogmatischen entzogen. Was heute zu den Werken der bildenden Kunst gerechnet wird, verdeutlicht die Not des Menschen mit sich selbst, die spannungsvolle Desorientiertheit des Einzelnen, die Suche nach dem Halt im Nichts eigener Unbegrenztheiten.

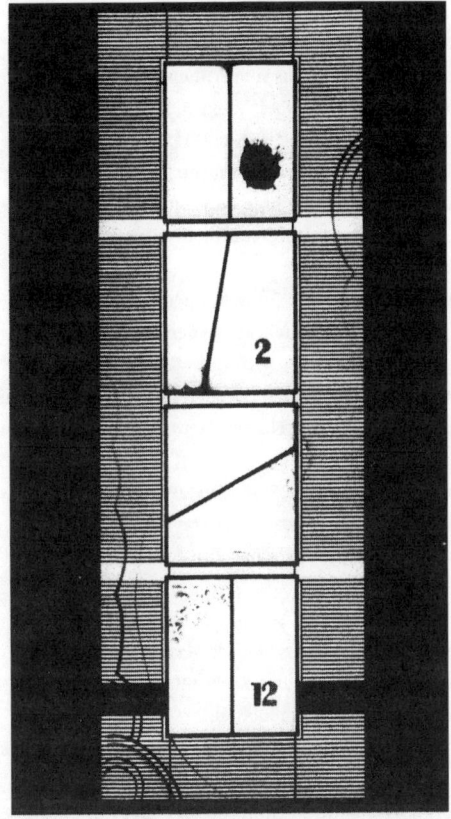

Abb. 11: Joachim Klos,
Kreuzwegstationen;
Glasbild, 190 x 85 cm, 1985;
Kirche in Breyell-Schaag.[28]

Aber in diesen von kirchlichen Traditionen am weitesten entfernten Werken wird etwas sichtbar, das sich leidenschaftlich gegen die Schändung der Natur und des Menschen sowie für die geistige Würde eines selbstbestimmten Lebens einsetzt. Es ist eine vom Künstler selbst verantwortete Auseinandersetzung mit den eigenen Gefühlen und Schwierigkeiten geworden, weil ein durch die Kirche vermittelter Weg zum Heil des Ganzen derzeit nicht mehr existiert. Denn entweder ist heute christliche Kunst der notwendigen Darstellung christlicher Inhalte wegen nicht mehr zeitgemäß und verliert damit den Kunstcharakter oder sie orientiert sich an den Trends der Gegenwart (Abb. 11) und büßt dadurch einen für alle erkennbaren christlichen Bezug ein.

1   Eine ausführliche Darstellung darüber gibt: Jeannette Mirsky, Gott hat viele Wohnungen, Econ, Düsseldorf/Wien 1966.

2   Ein kurzer Abriss der Entwicklung des Kirchenbaus vom Frühchristentum bis zur Postmoderne in: Klaus Kowalski, Abiturwissen Kunst – Architektur, Klett, Stuttgart/Düsseldorf/Leipzig 1998, S. 40–57, 60–73, 78–82, 84–90, 98–101, 103–111, 146–153.

3   Über den Zusammenhang von Bauform und Gottesdienstform: Eugen Egloff, Liturgie und Kirchenraum. Prinzipien und Anregungen, Echter, Würzburg 1964.

4   Bildzitat aus: Nikolaus Pevsner, Europäische Architektur von den Anfängen bis zur Gegenwart, Prestel, München 1957 ([8]1994), S. 168.

5   Bildzitat aus Wilfried Koch, Baustilkunde, Mosaik/Orbis, München 1994, S. 155.

6   Bildzitat aus Nikolaus Pevsner, Europäische Architektur von den Anfängen bis zur Gegenwart, a. a. O., S. 173.

7   Die Eigenheiten von Kirchenbauten in den einzelnen Epochen werden dargestellt und bebildert in: Belser Stilgeschichte. Altertum – Mittelalter – Neuzeit, 3 Bde., hrsg. von Christoph Wetzel, Chr. Belser Verlag, Stuttgart 1999.

8   Über die Symbolik des Kirchenraums vor allem im Frühmittelalter vgl.: Günther Bandmann, Mittelalterliche Architektur als Bedeutungsträger, Gebr. Mann, Berlin [5]1978.

9   Bildzitat aus Hans Weigert, Geschichte der Europäischen Kunst, Kohlhammer, Stuttgart 1951, Tafelband, Abb. 68.

10 Bildzitat aus Wilfried Koch, Baustilkunde, a. a. O., S. 165.

11 Über die Rolle des Reliefs in Mittelalter, Neuzeit und Moderne vgl. Klaus Kowalski, Plastische Bilder. Zur Geschichte der Reliefgestaltung, Kerber, Bielefeld 1996 (Bd. 1: Vorzeit bis Romanik) u. 1997 (Bd. 2: Gotik bis Postmoderne).

12 Vgl. dazu z. B. Ludwig Goldscheider, Michelangelo. Gemälde – Skulpturen – Architekturen, Gesamtausgabe, Phaidon, Köln 1956.

13 Vgl. z. B. Katalog Bertel Thorvaldsen, Wallraf-Richartz-Museum, Köln 1977.

K. KOWALSKI

14 Vgl. z. B. Monique Laurent, Rodin, DuMont, Köln 1989 (mit Werkkatalog).

15 Über Konsequenzen in den Aussagemöglichkeiten beim Umgang mit artefaktischem Material vgl. Klaus Kowalski, Abiturwissen Kunst – Plastik, Klett, Stuttgart/Düsseldorf/Leipzig 2001, Kap. 2 u. 5.

16 Vgl. zum Folgenden die ausführliche Darstellung in: Hans Belting, Bild und Kult. Eine Geschichte des Bildes vor dem Zeitalter der Kunst, C. H. Beck, München 1990.

17 Der Umschwung der künstlerischen Anschauungen vom Mittelalter über die Renaissance zum Manierismus wird auf kunsttheoretischer Ebene verdeutlicht in: Erwin Panofsky, Idea. Ein Beitrag zur Begriffsgeschichte der älteren Kunsttheorie, Bruno Hessling, Berlin [2]1960, S. 17 ff.

18 Ausführlich und mit entsprechendem Bildmaterial ausgestattet: Walter Koschatzky, Die Kunst der Graphik. Technik, Geschichte, Meisterwerke, Residenz, Salzburg 1972.

19 Reichhaltiges Text- und Anschauungsmaterial über das 19. Jahrhundert bieten die entsprechenden Bände aus der Reihe Ars Antiqua, Große Epochen der Weltkunst, hier: William Vaughan, Europäische Kunst im 19. Jahrhundert, Bd. I: Vom Klassizismus zum Biedermeier, Bd. II: Realismus – Impressionismus – Jugendstil, Herder, Freiburg/Basel/Wien 1990.

20 Über die näheren Umstände vgl. Emil Nolde, Mein Leben, DuMont, Köln 1976, [5]1980, S. 188–192.

21 Vgl. Jacob Burckhardt, Die Kultur der Renaissance in Italien. Ein Versuch, hrsg. von Walther Rehm, Pawlik, Herrsching 1981, S. 317 f. Die Gründe hierfür sind kurz zusammengefasst in: Eugenio Battisti, Filippo Brunelleschi Gesamtwerk, Belser, Stuttgart/Zürich 1979, S. 106 f. und etwas ausführlicher dargelegt in: Walter Paatz, Die Kunst der Renaissance in Italien, a. a. O., S. 136 ff.

22 Vgl. Hans Belting, Bild und Kult, a. a. O., Kap. 8, S. 164 ff.

23 Der gekürzte Wortlaut des »Gutachtens« im Auftrage Karls d. Gr. von ca. 790 in: Hans Belting, Bild und Kult, a. a. O., S. 592 ff.

24 Vgl. dazu: Erwin Panofsky, Idea, a. a. O., S. 45 ff.

25 Der Sinn dieses Strebens wird erläutert in: Werner Haftmann, Malerei im 20. Jahrhundert, Prestel, München 1954, S. 276–281.

26 Bildzitat aus Wilfried Koch, Baustilkunde, a. a. O., S. 284.

27 Vgl. dazu: Gerhard Schulze, Die Erlebnisgesellschaft. Kultursoziologie der Gegenwart, Campus, Frankfurt/New York [5]1995.

28 Bildzitat aus »Galerieinformation 47« der Deutschen Gesellschaft für christliche Kunst e. V. zu einer Ausstellung im Kreuzgang der Maximiliankirche Düsseldorf (Sept. bis Okt. 1988), Titelbild.

Christentum und Musik

MARIE UND JANNIS VLACHOPOULOS

1. Einleitung

Zu Beginn stellt sich uns die Frage: Wie ist Musik zu verstehen? Wenn sie als eine Selbstpreisgabe des Musikers gelten soll, wobei er seine Ergriffenheit äußert und sich im Kunstwerk bekennt, so ist die Musik historisch zu verstehen, als ein Stück der Geschichte des Menschen, so wie er fühlt und denkt: sein Bekenntnis, welches es auch immer sein mag, das ihn zugleich formt und zu dem macht, was er ist.

Der Tonschöpfer wird immer von irgendetwas angerufen, und auf diesen Anruf antwortet er mit dem Kunstwerk, welches weiterhin anrufend wirkt. »Persona facit opera«, die Person ist es, die ihre Werke qualifiziert (Martin Luther); so gesehen wollen wir uns die Person, den Musikkomponisten, der aus christlicher Existenz heraus sein Werk schafft – gleich ob dies »sakrale« oder »weltliche« Musik ist –, historisch betrachten, denn er begleitet während der letzten 2000 Jahre aus nächster Nähe das Christentum, welches, sowohl als Religion als auch als echte Revolution, die Musik unbedingt gebraucht hat.

In allen wichtigen Momenten seines Seelenlebens hat die Musik, seit Urzeiten Bestandteil aller Kulturen, den Menschen gerührt, und bei rituellen Handlungen und Gottesdiensten hat sie das religiöse Wort bis in die Tiefe des menschlichen Bewusstseins geleitet, es auf subtile Art gedeutet, unmittelbarer wirksam gemacht. Der sich zu der jungen Religion bekennende Musiker empfing das Wort der neuen Lehre und begleitete es auf selbstverständliche Weise mit der in seinem Kulturkreis vertrauten Musik, in diesem Fall mit der Musik des »Abendlandes« – wobei »Abendland« für uns kein geographischer Begriff sein soll, sondern eher ein geistiger und natürlich ein musikalischer, welcher in der späteren Entwicklung nicht mit Europa gleichzusetzen ist.

2. Vor- und frühchristliche Musik

Die Entstehung und erste Entfaltung des Christentums fällt in Zeiten gewaltiger politisch-militärischer und kultureller Aufwallungen. Noch lange nach der Gründung des Byzantinischen Reiches und der Anerkennung des Christentums als Staatsreligion, bis in das 6. Jahrhundert unserer Zeitrechnung, gab die Kunst dem Wunsch der Christen nach Frieden und Harmonie Ausdruck, indem sie oft Christus als den mythischen Sänger Orpheus, den ersten Kulturbringer, darstellte, der mit seiner Leier inmitten der gezähmten wilden Tiere saß und sang. Somit schrieb man wahrscheinlich der Musik, der *Musikē*, die Macht der Zähmung aller Wildheit in der Natur, also auch der Wildheit der menschlichen Natur, zu.

Die musikalische Kultivierung des Abendlandes begann mit den vorhomerischen »Orphischen Hymnen«, deren Ideen, nach den neueren Forschungen, bis 1600 v. Chr. zurückreichen. Es waren an die Götter gerichtete Verse, die mit instrumentaler Begleitung, meistens mit Lyra, gesungen wurden. So wurde die gesungene Dichtung, nach der Lyra, *Lyrik* genannt. Die Bezeichnung »Musikē« erscheint erst viel später, um 476 v. Chr., in einer Ode von Pindar, mit der Bedeutung: die Musische, die von den Musen und dem Musagetes, d. h. Gott Apollon, abgeleitete und unter ihrem Schutz stehende Kunst, womit auch ihre göttliche Abstammung angedeutet wurde. Die invokativen Hymnen, der heroische apollinische Paian, der ekstatisch-enthusiastische dionysische Dithyrambos, aus dem sich die Tragödie und die Komödie entwickelten, stellten Formen der Lyrik dar, die die Feierlichkeiten veredelten, den heiligen Riten dienten und das geistige Wachstum der Bevölkerung unterstützten.

Der Musik wurden in der Antike körperheilende und seelenreinigende, kathartische Qualitäten beigemessen. Dennoch gehörte sie zu den streng rationalen Wissenschaften wie die Mathematik, die Geometrie und die Astronomie. Der Philosoph und Mathematiker Pythagoras (6. Jahrhundert v. Chr.) legt als Erster das Verhältnis des Grundtones zur Reihe seiner Obertöne fest, welches für die Musik ein Gesetz und zugleich ein Geschenk der Natur darstellt, so wie die Farben des Regenbogens für die Malerei. Pythagoras errechnet die Zahl der Klangschwingungen und spricht über die Musik der Sphären; dabei sind die Zahlen der Schlüssel zum Verständnis der Erscheinung des Lebens und der Verbindung alles Seienden im »Kosmos«.

Abb. 1: *Planetenzeichen als Toncharaktere (1590) in Erinnerung an Pythagoras'*
»Sphärenmusik«.[1]

Aristoteles (4. Jahrhundert v. Chr.) schreibt in seiner »Metaphysik«:
»Die Pythagoräer machten, weil sie viele Eigenschaften der Zahlen den
sinnlichen Körpern zukommen sahen, die Zahlen zu dem Seienden, aber
nicht getrennt davon, sondern so, dass das Seiende aus Zahlen bestehen
sollte. Aber warum? Weil sich die Eigenschaften der Zahlen in der Har-
monia und am Himmel und an vielen anderen finden«.[2] Der viel zitierte
aristotelische Satz, der besagt, dass die Kunst die Natur nachahmt (mi-
meitai), ist oft missverstanden worden. Es wurde ihm die Bedeutung beigemessen, dass die Kunst eine Kopie oder eine Wiedergabe physischer,
natureller Objekte darstellt. Dennoch meinte Aristoteles mit »Physis« nie
die äußere Welt der geschaffenen Dinge, sondern eher die schöpferische
Kraft: das Schaffende und nicht das Geschöpf. In diesem Sinne ahmt die
Kunst die Physis nach, sie schafft – obwohl sie den Begrenzungen der
menschlichen Natur unterliegt!

40   M. UND J. VLACHOPOULOS

Der Chor im Drama »schafft Charakter, Rührung, Handlung«. Die Musik hat also in der Antike – ob als religiös-rituelle, ob als weltliche – einen psychagogischen wie auch einen pädagogischen Charakter. Sie unterliegt mathematischen Regeln, folgt vier Tropoi, Tonleitern, den dorischen, lydischen, phrygischen und mixolydischen, ist instrumental und vokal, zwar monophon, aber mit polyphonen Ansätzen; sie wird mit Zeichen auf dem Text notiert und durch Neumata, d. h. vorgegebene Gestik, ergänzt, wodurch sich der Chor von seinem Führenden synchronisieren lässt.

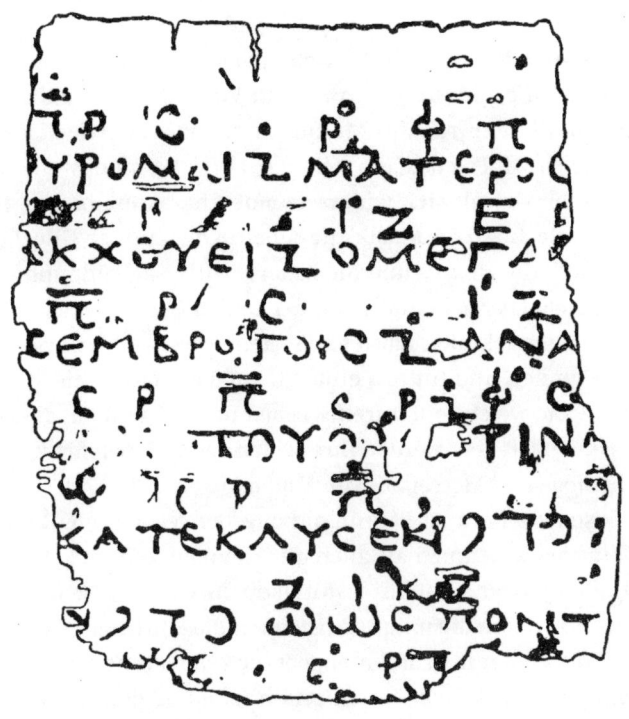

Abb. 2: Griechische Instrumentalnotenschrift aus dem Orestes des Euripides, 1. Jahrhundert n. Chr.[3]

So verstanden, gefühlt und ausgedrückt, wird die Musik ins Christentum hinein übernommen. Sicher mit hebräischen Einflüssen, obwohl, wie wir von dem jüdischen Historiker Iosephos (1. Jahrhundert n. Chr.) erfahren, Herodes fremde Sitten und Moral und »thymelische Musik« in sein Land eingeführt hat.[4] Noch Klemens von Alexandrien (150–ca. 215) berichtet, dass die hebräische Musik dem dorischen Tropos folgte.[5]

Die neu gegründete Gemeinde braucht Musik zur Gestaltung ihrer Liturgie und ihrer Festlichkeiten; Paulus schreibt an die Korinther: »Wenn ihr zusammenkommt, so hat ein jeder ein Lied, er hat eine Lehre, er hat eine Offenbarung, er hat eine Zungenrede, er hat eine Auslegung. Lasst es alles geschehen zur Erbauung!« (1 Kor 14,26).

Der Glaube an Liebe und Bruderschaft wurde durch das christliche Wort aufgebaut, und dort, wo das Wort nicht ausreichte, kam den Priestern die Musik zu Hilfe, die auf geheimnisvolle Weise die Seele unmittelbar erreicht und diese durch das Mitempfinden mit dem Seelischen außer uns verbindet. Als Psychagogin sollte sie sanfte, hoffnungsvolle und zugleich tapfer der Gewalt sich widersetzende Charaktere bilden. Die Läuterung der Seele durch die Musik, die *Katharsis* der antiken Griechen, erfolgte nun durch die *Mimesis* und die *Katanyxis,* die Nachahmung und die Rührung durch das Nachempfinden der Leiden Christi, welche sich kraft des gesungenen sakralen Wortes äußerten: »Diese wohlklingenden Melodien der Hymnen sind für uns erdacht, auf dass sowohl die Kinder als auch diejenigen, welche ein unreifes Leben führen, meinen, dass sie singen, in Wirklichkeit aber werden ihre Seelen dadurch belehrt«[6] (Basilius d. Gr., Theologe und Metropolit von Kappadokien, 330–379).

Altes und Neues waren zu Beginn am engsten verbunden. Sowohl Tonarten, Notation, Rhythmen als auch alte Gesänge, Lob und Dankesworte wie »Halleluja« behielten ihre Gültigkeit. Aus der Musik des Jerusalem-Tempels übernahm die junge Christenheit die Einstimmigkeit, die streng vokale Musik – der Instrumentengebrauch war aus Abneigung gegen die Rückfälle in heidnische Sitten untersagt – und den Ausschluss der Frauen vom liturgischen Gebet und Gesang. So wie in Jerusalem »schweige das Weib in der Kirche«, bekam die Frau Teilnahmeverbot nicht allein an liturgischen Handlungen, sondern auch im Kirchenrat, in öffentlichen und politischen Fragen sowie in Glaubensfragen. Sie wurde zwar nicht verachtet, jedoch allein die männliche Kehle und die männliche Hand durfte zu jenen harten Zeiten lobpreisen und kämpfen.

M. UND J. VLACHOPOULOS

Den Schwerpunkt der Gottesdienste der christlichen Urgemeinde bildeten die Lesungen aus dem Gesetz, den Propheten, dem Psalter, den apostolischen Briefen und den Evangelien. In den auftretenden Pausen wurden die Sologesänge mit chorischem Kehrreim (Refrain) eingeschoben, anfangs zweifellos in sehr schlichte, zurückhaltende melodische Linien gebracht, so dass die mitsingende Gemeinde sie sich leicht merken konnte. Das älteste Beispiel frühchristlicher Musik wurde erst 1922 gefunden; es ist ein Hymnus aus Oxyrhynchos (Ägypten) vom Ende des 3. Jahrhunderts. Er ist in Melodik und Versbildung eher noch griechisch, da bis zum dritten nachchristlichen Jahrhundert die Sprache der Kirche griechisch war, wie auch später in Byzanz. Klemens von Alexandrien rät den christlichen »Melodoi«[7], eher die dorische als die männliche und ernstere Tonart zu gebrauchen, während die lydische und phrygische weiblich und schwächlich seien.

Der Schüler Johannes des Evangelisten, Ignatius Theophoros (28–112 n. Chr.), war einer der ersten Melodoi; er hat den Chor in einen linken und einen rechten geteilt, so wie es im antiken griechischen Theater üblich war und wie er bis heute in der orthodoxen Liturgie steht und abwechselnd singt.

Eine besonders ergreifende Aussage jener Zeit ist die des Bischofs Ignatius von Antiochien († 117), der im Jahre 110 auf dem Weg zu seinem Martyrium nach Rom sieben erhaltene Briefe an verschiedene Gemeinden verfasste: »(...) Mehr sollt ihr mir nicht gewähren, als dass ich Gott geopfert werde, solange noch ein Altar bereitsteht, auf dass ihr, in Liebe ein Chor geworden, lobsinget dem Vater in Christus Jesus (...)«[8]. Unter den ersten Melodoi der Urgemeinde stehen Namen wie: Dionysius Areopagita (1. Jahrhundert) – der nicht mit dem griechischen Kirchenschriftsteller Pseudo-Dionysius Areopagita zu verwechseln ist – und Hierotheos (1. Jahrhundert), beide von Paulus bekehrte spätere Bischöfe von Athen; ferner Klemens von Alexandrien, Origenes (185/86–253/54) und Iustinus († 165), der Philosoph und Märtyrer, der in seiner Apologie[9] über die Gottesdienste berichtet, wie sie in der ersten Hälfte des 2. Jahrhunderts gehalten wurden: Sie endeten jeweils mit der Predigt und Aufforderung des Priesters, die Gläubigen sollen (mögen) all die erwähnten guten Taten nachahmen (Mimesis). Darauf folgten festliche Agapen, wobei jeder Einzelne, wenn er die Fähigkeit dazu hatte, einen selbst komponierten Hymnus an Gott sang (nach Tertullian).[10]

Nach den Zeiten der Verfolgung und dann, als das Christentum zur byzantinischen Staatsreligion wurde, ist rasch eine freie und mannigfaltige, formenreiche Entwicklung der so genannten »Musik des Christentums« entstanden, wobei der Psaltes, der Sänger, als liturgische Amtsperson eine tragende Rolle hatte. Der Keim der neuen Kultur ist inmitten der ihn umgebenden alten Zivilisation des römischen Weltreichs von innen her aufgegangen. Eine neue Welt- und Kunstauffassung ist angebrochen: das Bewusstsein der irdischen Vergänglichkeit, die gewaltige Bereicherung des Seelischen im Erleben des Opfer- und Erlösungstodes Christi. Jahr für Jahr in ewiger Wiedergeburt erneuert sich dieses Erlebnis, im Wechsel der christlichen Feste, begleitet, untermalt, ja gestärkt von den vertrauten Klängen eines kirchlichen Lobgesanges, wie, viel später, einer kunstvoll komponierten Messe oder eines Requiems, »denn nichts erhebt die Seele auf ähnliche Weise, nichts beflügelt sie so, befreit sie vom Irdischen, löst sie von den Körperfesseln, gibt ihr Liebe zur Weisheit ein und lässt sie alle dem irdischen Sein gehörigen Dinge spöttisch missachten, wie der melodische Gesang und der auf der Zahl beruhende Bau heiliger Hymnen«[11], schrieb der heilige Johannes Chrysostomos (344/54–407).

Im 4. Jahrhundert verlegt Kaiser Konstantin d. Gr. seine Residenz von Rom nach Byzanz, dem späteren Konstantinopel und heutigen Istanbul – ein wichtiges Ereignis, welches später zur Entstehung des oströmischen, byzantinischen Reiches führte. Auf dem Konzil von Nicaea/Nikaia (325) hat er, Konstantin, das Christentum staatlich anerkannt und ihm somit zur allgemeinen Verbreitung verholfen, welche aber auch 1054 zum Schisma führte, der endgültigen Trennung der weströmischen von der griechisch-orthodoxen, der oströmischen Kirche. Die Folgen wirken noch heute nach.

Byzanz, zwischen Orient und Okzident eingebettet, aus den Quellen der Antike schöpfend, wurde zum neuen Zentrum der Kunst und Kultur. Die »Musik des Christentums« erlebte eine goldene Zeit. Sicher blühte neben der geistlichen auch eine weltliche, profane Musik, die bei Feierlichkeiten eine wichtige Rolle spielte und zugleich Hymnodie war, obwohl nicht im Sinne der kirchlichen Hymnen. Die meisten musikalischen Werke galten dem Kaiser, der kaiserlichen Familie und den Würdenträgern als öffentliche Lobpreisung und gehörten zum Hofzeremoniell, gesungen von einem Laienchor und einem Chor aus Hofbeamten, den »grünen« und den »blauen«. Jeder Chor wurde von je einer silbernen Orgel begleitet, ein später sehr beliebtes Instrument im Westen, eingeführt 757 n. Chr. als Geschenk Kaiser Konstantins V. an den Hof Pippins III. und 811 an den Hof Karls des Großen; bald danach fand die Orgel Eingang in die Kirche. In der Markuskirche in Venedig sollen sich zwei silberne Orgeln befunden haben, welche zwei Chorparteien, nach dem Abbild des byzantinischen Hofes, begleitet haben. Das mehrchörige Musizieren ist über diesen Weg wieder ins Abendland gekommen und hat der westlichen Musik für eine längere und wichtige Zeit einen eigenartigen, besonders ausdrucksvollen Charakter verliehen.

Während die Dichtung und die Musik der ersten drei Jahrhunderte des Christentums streng liturgisch waren und der Kommunikation mit dem lebendigen Gott dienten, erstand ab dem 4. Jahrhundert neben ihr auch die »logia«, die kunstvolle religiöse Hymnodie; sie beschreibt auch die Gefühle des Melodos und seine persönliche Suche nach dem Göttlichen. Es ist keine Tempelmusik, eher eine des Schreibtisches, der Klause; die Gottesanbetung des Einzelnen in der Einsamkeit. Nachdem die christliche Urgemeinde ihre Ziele als Gruppe erreicht hat, ist nun die Zeit gekommen, da das Individuum in Stille sein eigenes Gebet spricht und seine religiösen Gefühle äußert.

Die neumatisch notierte, die Texte begleitende Musik war damals noch gänzlich unberührt von der Rationalität, welche die spätere abendländische Musik kennzeichnet.

Ein hervorragender Vertreter der byzantinischen Hymnodie des 4. Jahrhunderts ist Gregor von Nazianz[12], eine äußerst vielseitige Persönlichkeit, introvertiert und dennoch den Menschen sehr zugetan. Zweimal wurde er als Bischof eingesetzt, beide Male hat er das Amt nicht angetreten. Literarisch hochgebildet, sehr sensibel und kränklich, ein Ästhet – kein praktischer Mensch; er schuf formvollendete theologische Reden, Briefe, ein ihm zugesprochenes Handlungsdrama »Der leidende Christus – nach Euripides« und vor allem ca. 400 Gedichte, nicht zum liturgischen Gebrauch. In Versen drückte er seine tiefsinnigen Gedanken in einer sehr dichten Sprache aus, mit natürlicher Grazie, ungewöhnlich lyrisch, gefühlvoll, schwer melancholisch und stimmungsvoll, wie etwa 14 Jahrhunderte später wieder bei den Romantikern. Er selbst sah in seinen Versen auch einen erzieherischen Grund: Er wollte damit den künstlerisch begabten Heranwachsenden die strengen Gebote des geistlichen

Studiums versüßen. Als weitere Logia-Dichtung-Verfasser seien noch Apollinarios von Laodikeia (310–390) und die Kaiserin Eudokia (400–460) erwähnt.

Zu derselben Zeit setzt die liturgische Hymnodie ihre erstaunliche, blühende Entwicklung fort. Neben Athanasius dem Großen (295–374), Methodios († 311), Ephraim († 378), Synesios (372–413), Basilius dem Gr. und Johannes Chrysostomos im Osten ist im Westen als besonders wichtige Persönlichkeit Ambrosius (339–397) zu nennen, bekannt nicht allein wegen seines politischen und pastoralen Wirkens als Ratgeber Kaisers Gratian und als Bischof von Mailand, sondern auch wegen seiner schöpferischen Tätigkeiten als Hymnendichter, Exeget und Prediger. Er hat nach dem östlichen Vorbild den Kirchengesang in das Abendland eingeführt und die vielfachen Gesänge zu dem »Ambrosianischen Gesang« geordnet, welcher als das Rückgrat der späteren Reformen angesehen werden kann. Der Kirchenvater Augustinus (354–430), ein Schüler von Ambrosius, berichtet in seinen »Confessiones« (Bekenntnisse) über ihn: »Es war gerade ein Jahr her, dass Justina, die Mutter des unmündigen Kaisers Valentinian, Ambrosius verfolgte um ihrer Ketzereien willen, zu denen sie von den Arianern verführt war. Wachend hielt die fromme Gemeinde in der Kirche aus, bereit, mit ihrem Bischof, deinem Knechte, zu sterben (...) Damals wurde das Singen von Hymnen nach den Weisen der Psalmen morgenländischer Christen eingeführt, damit das Volk nicht durch andauernde Traurigkeit matt würde (...) Wie viele Tränen habe ich vergossen bei deinen Liedern und Gesängen, tiefbewegt von den Klängen deiner lieblich singenden Gemeinde!«[13]

Eine alte Überlieferung will wissen, dass Augustinus bei seiner Taufe, als Ambrosius zu singen anhub: »Te Deum laudamus«, in der heiligen Begeisterung fortfuhr: »Te Dominum confitemur.« Auch wenn die moderne Wissenschaft diesen »Hymnus Ss. Ambrosii et Augustini« nicht als die Quelle des *Te Deum* anzusehen geneigt ist, so ist doch die Tatsache wahr, dass Ambrosius die Form des kirchlichen Hymnus, die geistliche Dichtung in antiken Metren, dem östlichen Psalmengesang nachgebildet, in die westliche Liturgie eingeführt hat. Hilarius von Poitiers (315–367) bemühte sich sehr um einen Ausgleich der verschiedenen westlichen Liturgien untereinander sowie mit östlichen, vor allem der byzantinischen.

Als wichtiger Musikgelehrter seiner Zeit gilt der Neupythagoräer Anicius Severinus Boethius (vermutl. 475–524), der ausnahmsweise kein Würdenträger oder Mönch war. In jungem Alter veröffentlichte er ein großartiges fünfbändiges Werk »De institutione Musicae«, in welchem er einen weit reichenden Überblick über das gesamte damalige Wissen bot und die Musik mit Philosophie, Physik, Astronomie und Mathematik verband – ein Wissen, welches er von seinem Lehrer, dem bekannten Gelehrten Ptolemaios, übernahm. Er baute die Musiktheorie des Mittelalters auf jener des Altertums auf und setzte neben dem vorhandenen *einen* Tetrachord ein *zweites*, so dass sich eine neue, *achttönige* Folge bildete.

Boethius ist jedoch nicht der einzige »weltliche« Musiker seiner Zeit. Kaiser Justinian von Byzanz (482–565), der die Krönungskirche der »Hagia Sophia«, der Heiligen Weisheit, erbauen ließ, dichtet und komponiert in neumatischer Schrift Hymnen zum liturgischen Gebrauch. Eine seiner Hymnen, »Der einzig geborene Sohn und Wort Gottes«, wird heute noch während der Eucharistie der orthodoxen Liturgie gesungen.

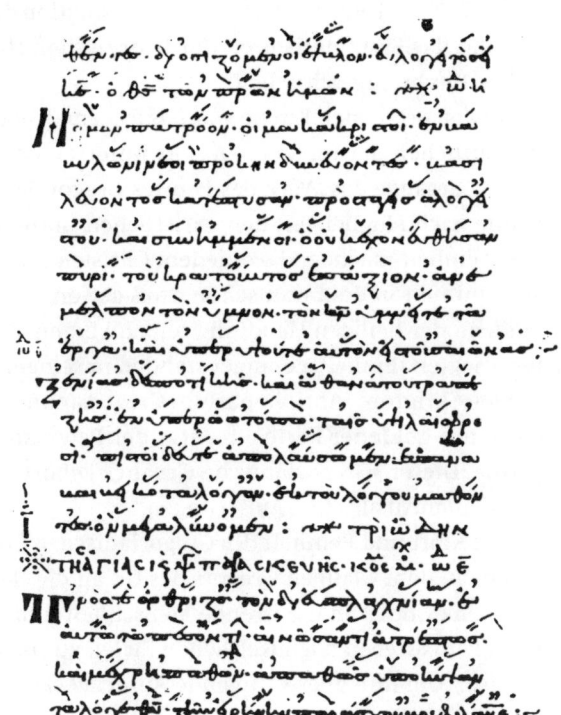

Abb. 3:

Byzantinisches

Karfreitags-Triodion,

10. Jahrhundert.

Chartres-Notation aus

dem Codex Athos,

Lawra B 32, fol. 200r.[14]

In der Hagia Sophia entstehen wegen der Größe der Kirche akustische Probleme, und so werden erstmalig das Evangelium und die Apostelbriefe von drei Lektoren, an drei verschiedenen Stellen postiert, zugleich gelesen: vom Altar, der Kanzel und im Narthex (Vorraum). Diese Art der Lesung wird bis zu dem Fall von Byzanz beibehalten. Um die Frage der Synchronisation der drei Lektoren zu lösen, entstehen die ersten Zeichen einer rhythmo-melodischen, »ekphonetischen« Schrift.

Justinian ist der erste, aber nicht der einzige kaiserliche Hymnodos (Hymnendichter). Nach ihm folgen u. a. Theophilos, Basileios I. der Makedon, Leo VI. der Weise und sein Sohn, Konstantin Porphyrogennetos. Klerus und Mönchtum setzen inzwischen ihre brillante Musikgeschichte fort mit Romanos dem Melodos (500–560), der sein ganzes Leben lang Diakon blieb und in Justinians Zeit als Hofdichter Hymnen und Kontakia[15] schuf, ferner mit Andreas von Kreta (660–740), dem Begründer des Kanon, mit Kosmas dem Melodos (670–750), mit der Nonne Kassianē (Anfang des 9. Jahrhunderts), mit dem heiligen Johannes Damascenus (676–754/756). Letzterem wird die erste Notation der byzantinischen Musik und das Systematisieren der liturgischen Hymnographie der östlichen Kirche zugeschrieben.

In der westlichen Kirche war das Systematisieren, Reinigen und Vereinheitlichen der inzwischen sehr unterschiedlich gerichteten kirchlichen Gesänge das Werk des Papstes Gregor des Großen (540–604). Er wollte nach Möglichkeit den christlichen Gottesdienst musikalisch zu einer Einheit machen, die es jedem Christen ermöglichte, wo immer er sich aufhielt in dem nun schon groß gewordenen christlichen Abendland, an der heiligen Handlung teilzunehmen. Die von ihm schriftlich festgelegten »Einheitsgesänge« standen in seinem die Liturgie reformierenden Skriptum »Antiphonarium Gregorianum«, das für viele Jahrhunderte mit goldener Kette am Altar der Peterskirche zu Rom befestigt wurde. Dieser »Gregorianische Gesang« gehört zu den schönsten und reinsten musikalischen Äußerungen.

Die Kraft und Reinheit des Gregorianischen Gesanges liegt unter anderem an dem Glauben Gregors des Gr. an die Heiligkeit der Musik als Geschenk Gottes an die irrende Menschheit und daran, dass in seinem Werk kein Streben nach weltlichen Zielen zu finden ist. Dazu Paul Hindemith: »Um ihre überwältigende Ausdruckskraft voll zu erfassen, darf man sich nicht darauf beschränken, sie nur zu lesen oder zu hören. Man

M. UND J. VLACHOPOULOS

muss am Singen dieser melodischen Wunderwerke teilnehmen, wenn man spüren will, wie sie die singende Gruppe zu einer geistigen Einheit zusammenschweißen, unabhängig von den individualistischen Antrieben eines Dirigenten und nur vom erhabenen Geist und der technischen Vollkommenheit der Struktur geleitet.«[16]

Und dennoch, Gregor dachte nicht daran, die römische Liturgie zur allein anwendbaren zu erklären. Im Jahr 596 sandte er den Benediktinerabt Augustinus mit noch weiteren 40 Mönchen nach England, um die Bevölkerung zu christianisieren. Unterwegs verbrachten die Mönche eine Zeit lang in Gallien und nahmen in manchen Klöstern und Kapitelkirchen an gallischen Gottesdiensten teil; dort war ihnen, außer Textabweichungen, die Musik völlig unbekannt. Augustinus, in England angelangt und unsicher über die Art und Weise der Missionierung, schrieb einen Brief an Papst Gregor mit der Frage: Sollte er die römische Liturgie so lehren, wie er sie in der Schola Cantorum gelernt hat, oder waren Abweichungen erlaubt, um dem Charakter einzelner Völker und Kulturen entgegenzukommen? Gregor (der insgesamt eine Anzahl von 854 Briefen hinterließ) antwortete ihm:»Wenn ihr – in der römischen Liturgie aufgewachsen – etwa in der gallischen oder irgendeiner anderen Liturgie etwas findet, was dem allmächtigen Gott mehr gefallen könnte, dann wählt es mit Sorgfalt aus und unterrichtet es in England!«[17]

Die ständige Suche nach dem, was dem allmächtigen Gott mehr gefallen könnte, und das darauf folgende Aufgeben der persönlichen Wünsche löste in seiner Musik die gemeinschaftsbildende Kraft aus, die über so viele Jahrhunderte die Gläubigen psychagogisch bildete.

3. Mittelalter und Renaissance

Eine konträre Einstellung ist in späterer Zeit festzustellen: Nach dem Schisma zwischen Ost- und Westkirche (1054) und nachdem den Päpsten Alexander II. und Gregor VII. die Einführung der westlichen Liturgie ins Abendland gelungen war, beschloss ein Konzil 1088 die völlige Aufhebung der mozarabischen Liturgie. Die Bevölkerung reagierte darauf in Toledo mit einem blutigen Aufstand. Zur Beruhigung des Volkes wurde die endgültige Entscheidung dem heiligen Urteil überlassen, und zwar durch doppelte Prüfung: Zweikampf und Feuer. Nach dem Sieg der Anhänger der mozarabischen Liturgie und der Verbrennung vieler Skripten der westlichen Liturgie wurden schließlich beide Liturgien durch königlichen und päpstlichen Beschluss erlaubt.

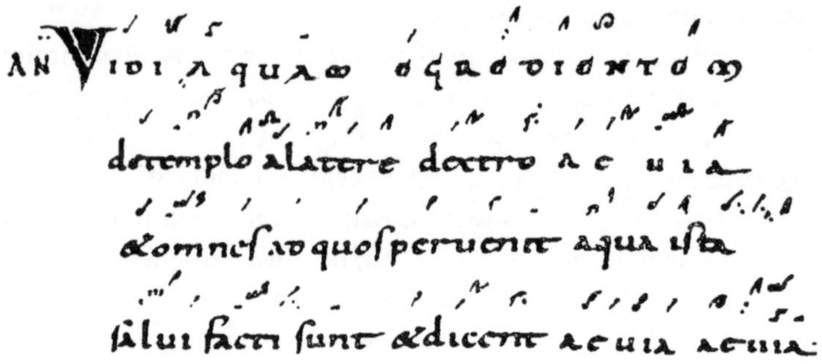

Abb. 4: Mozarabische Neumen. Spanien, 14. Jahrhundert.[18]

Neben den »authentischen«, altgriechischen Tonarten gibt es im Gregorianischen Gesang als Neuerung auch die »plagalen« Tonarten (hypodorisch, hypolydisch, hypophrygisch, hypomixolydisch), immer noch ohne rhythmische Zeichen und in Neumen notiert. Erst viel später, im 9. Jahrhundert – inzwischen war das authentische Antiphonar Gregors verloren gegangen –, entwickelt sich die erste abendländische Tonschrift, welche nicht allein die neumatische Notation, sondern auch die lebendige Überlieferung von Lehrer zu Schüler schriftlich zu fixieren beginnt.

Ein Jahrhundert später belegte in den italienischen Gesangschulen der Benediktinermönch Guido von Arezzo (980/92–1050), der bekannteste Musiktheoretiker des Mittelalters, die einzelnen Töne mit Namen. Für die Silben benutzte er die Anfangssilben eines an Johannes den Täufer gerichteten Sängerhymnus:

Ut queant, laxis
resonare fibris
mira gestorum
famuli tuorum
Solve polluti
labii reatum,
Sankte Iohannis.

M. UND J. VLACHOPOULOS

Das *Ut*, weil zum Singen ungeeignet, wurde durch *Do* ersetzt, wahrscheinlich aus *Domine*.

Wenn wir die Musik mit einem Baum vergleichen würden, so wäre die geistliche Musik der ersten fünfzehn (!) Jahrhunderte unserer Zeitrechnung der Stamm dieses Baumes. Sicher wurde auch bei profanen Anlässen und Feierlichkeiten Musik gemacht, zum Erheitern, Trauern, Parodieren; die Kunst der Musik aber wird hauptsächlich in den Kirchen und Klöstern betrieben, unterrichtet, fortentwickelt. Die Mönche in Ost und West verkünden mit Musik die »Wahrheit Gottes«. Der Mensch des Mittelalters wird vom Wort und Klang bis in sein Innerstes getroffen. Für ihn bedeutet der Satz aus dem Johannes-Evangelium: »(...) und das Wort war bei Gott« (Joh 1,1) viel mehr als für den modernen »Augenmenschen«, der seinen inneren Klang nur schwer mit dem *Wort* harmonisieren kann.

Von Pythagoras über das Mittelalter bis zum Astronomen und Musiker Johannes Kepler (1571–1630) – der schrieb, dass die sechs sichtbaren Planeten in ihren Bahnen einen »sechsstimmigen Motettensatz« formen[19] – und noch bis zu Goethe (1749–1832) war es begreiflich, dass »Die Sonne *tönt* nach alter Weise/in Brudersphären Wettgesang (...)« (Prolog zum »Faust«). Der Anruf Jesajas: »Hört, dann werdet ihr leben« (Jes 55,3) wurde über lange Zeiten vom Menschen als Ermunterung zur Musik verstanden, denn das Ohr führt in die Tiefe.

Auch für den Mystiker Bernhard von Clairvaux (1090–1153), auf welchem die Kultur des Mittelalters zu einem großen Teil basiert, war das Wort alles. Seine Briefpartnerin, die Äbtissin Hildegard von Bingen (1098–1179), eine hervorragende Komponistin, Dichterin, Naturforscherin, Theologin und Prophetin, ein »Sprachrohr Gottes«, wie sie sich nannte, meinte, dass die Essenz des Wortes nicht der Buchstabe, sondern der Klang sei. Sie hat wundervolle Gesänge komponiert, obwohl ihr kein Mensch die Neumen oder das Singen beigebracht hat; und sie hat, auch im Gottesdienst, die unterschiedlichsten Instrumente eingesetzt – und dies in einer Zeit, als die Kirche die Instrumente abwertete. Es galt als schlimme Sünde, wenn einen der Gesang mehr bewegte als das gesungene Wort; dennoch ist Hildegards Musik über weite Bögen von Melodiegirlanden gespannt, hinreißend enthusiastisch und erfordert einen geschulten Atem, der für das Halten eines Tones bis fünfzig Sekunden hinreichen sollte. Wie sie schrieb, kommt dem Buchstaben erst durch den Atem, Pneuma, das Eigentliche zu.[20] Die Hyperventilation jedoch gilt und galt als ein durch Ekstase direkter Weg ins Unbewusste und in diesem Sinne psychotherapeutisch wirkend, gleichwie der Gesang, der bewusst, durch »Reue«, therapiert. Wir lesen in Hildegards Buch »Scivias«: »Gesang macht harte Herzen weich. Er lockt die Tränen der Reue hervor und ruft den Heiligen Geist herbei.«[21] Ein mit Pythagoras' Weltanschauung verwandter Gedanke von ihr erstaunt uns: Die Seele entstammt der himmlischen Harmonie und hat selbst etwas von dieser Musik in sich.

Hildegard sprach, sang und bemühte sich um Harmonie in einer Zeit, als sich das Christentum nach langen Auseinandersetzungen in Ost- und Westkirche spaltete, der Papst und der Patriarch von Konstantinopel sich gegenseitig exkommunizierten, die Kreuzfahrerheere unterwegs waren, die Ketzerei blühte, die Minnesänger und Troubadours dem Begriff »Wahrheit« nur geringe Beachtung schenkten und sich mit voller Kraft der »Schönheit« zuwandten. In Hildegards Lebensspanne regierten fünf deutsche Kaiser und Könige und siebzehn Päpste und Gegenpäpste. Es war die Zeit Barbarossas und Bernhards von Clairvaux, eine Zeit, die vom Einzelnen entweder Stille oder ungewöhnlichen Mut erforderte.

Hildegard hatte Mut. Zwei Mal wurde über sie kirchlich beraten: das erste Mal, nachdem sie selbst die Herkunft ihrer Visionen in Frage gestellt hatte. Bernhard von Clairvaux nahm als Berater von Papst Eugen III. an der Zusammenkunft teil und setzte sich dafür ein, dass »ein solch hell strahlendes Licht von Schweigen nicht überdeckt werde«.[22]

Das zweite Mal wurde über Hildegard beraten, nachdem sie erlaubt hatte, einen Exkommunizierten zur letzten Ruhe auf den Rupertsberger Friedhof zu betten. Sie weigerte sich, den Toten auszugraben und in nicht geweihte Erde umzubetten. Daraufhin wurde über ihr Kloster das Interdikt verhängt. Die achtzigjährige Hildegard schrieb den Prälaten: »Wer den Mund einer das Lob Gottes singenden Gemeinde schließe, diene damit dem Teufel und trage eine furchtbare Verantwortung, denn in der Kirche sei das Gotteslob aufzufassen als ein Widerhall der himmlischen Harmonien«.[23] Über ein Jahr hat sie für die Aufhebung des Interdikts gekämpft, eine Woche vor ihrem Tod ist es ihr gelungen.

Hildegard wusste: Wohlklänge therapieren, genauso wie Missklänge krank machen. Zum Wohle des Menschen ließ sie sich nicht »einmauern«, wie es damals für Nonnen üblich war. Sie untersuchte die Natur, zu der sie ein pragmatisches Verhältnis hatte, die Tier-, Pflanzen- und Gesteinswelt, und sie hat viel über ihre Beobachtungen geschrieben.

M. UND J. VLACHOPOULOS

7 De Sancta Maria

Ant.

Qui-a er-go* femi-na mor — tem instruxit, cla - ra Vir — go il-lam intere-mit, et ide - o est summa bene-dicti-o in fe — mine-a for-ma præ omni cre- atu-ra, qui — a De — us factus est ho-mo in dulcissi-ma et be- a- ta Virgi - ne. Euouae.

Abb. 5: Siebtes Lied Hildegards.[24]

Einer ihrer zentralen Begriffe war »viriditas«, Grünkraft – eine Lebenskraft, die aus dem Heiligen Geist komme, und ohne sie sei weder die körperliche noch die seelische Heilung möglich. Wer weiß, wie sehr das mittelalterliche Christentum das Grün als die Farbe der Natur und des Körperlichen missachtet hat, kann nur staunen über den Weitblick dieser frei denkenden, geistlichen Frau. In ihren Marienliedern ist sofort zu erkennen, wie sehr sie auch vom Frauenverständnis des Mittelalters abwich: »Es ruht der höchste Segen – vor jeder Kreatur – auf der Frau« (Siebtes Lied) und »O viridissima virga ave – Heil dir, o grünster Zweig« (Hymnus De Sancta Maria).

So stehen wir an einem Punkt, wo die Musik in der Kirche entweder als volkstümliches Lied von allen gesungen wurde, die in Alltagskleidung drei bis vier Mal am Tag in die Messe gingen und in der Not in der Kirche, dem üblichen Treffpunkt der Gemeinde, übernachteten, oder wo von lange und mühsam geschulten Kirchensängern alles andere als einfache Melodien gesungen wurden, mit verfeinerter Technik der Atmung, welche die gemeinsame Durchführung problematisch machte[25]; es ist der Anfangspunkt des Übergangs vom *Ritus* zur *Kunst*. In der profanen Welt hat schon das Lied an die Schönheit und die Liebe begonnen, mit Texten eher religiösen Charakters und mit Musik, die sehr wahrscheinlich auf die kirchlich gregorianische Weise komponiert wurde.

Abb. 6: Notenschrift französischer Trouvères.[26]

M. UND J. VLACHOPOULOS

Die ersten Künstler des Abendlandes sind jene Ritter gewesen, die durch das Land zogen und bei festlichen Anlässen oder an stillen Abenden Lieder aus eigenen oder fremden Taten schmiedeten, sich selbst auf der Fidel oder der Harfe begleitend. Jene Minnesänger und Troubadours waren keine Berufsmusiker, sondern adlige Herren, die aus innerer Berufung Musik trieben und mit besonderer Erfindungsgabe und Ausdruckskraft die hoch gestellte, tugendhafte, meist unerreichbare »Herrin« besangen. Eine neue Art von Musiker und eine großartige Laienkultur, die in Frankreich begann und dort in den Vernichtungskämpfen gegen die Ketzer auch endete.

Als erster bekannter Troubadour gilt Herzog Wilhelm IX. von Aquitanien (1071–1127). Die berühmtesten Minnesänger sind Walther von der Vogelweide (1170–1230), Gottfried von Straßburg († ca. 1210), der dem Ur-Tristan seine endgültige Form gab, und Wolfram von Eschenbach (1170/80–1220), der von 1202 an fünfzehn Jahre am Eisenacher Hof lebte, so dass er am Sängerfest auf der Wartburg durchaus teilgenommen haben kann, falls dieses Treffen tatsächlich im Jahr 1207 stattgefunden hat. Wolfram hat viele spätere Opernwerke beeinflusst. Er hat ältere Stoffe entdeckt, er kannte den Schwanenritter »Lohengrin« und reformierte die »Perceval«-Darstellung zu der endgültigen »Parzival«-Fassung, ohne die Richard Wagners (1813–1883) Mysterienoper »Parsifal« gar nicht hätte entstehen können.

Der eigentliche Berufsmusiker des Mittelalters ist jedoch der anfangs schwarz-weiß, ab dem 12. Jahrhundert bunt gekleidete *Spielmann*. Er lobt die Milden, beschimpft und verspottet die Kargen, er verbreitet Neuigkeiten – im gewissen Sinne erfüllt er die Aufgabe der heutigen Presse –, überbringt Einladungen, übt öffentliche Kritik mit nicht unbedingt anständigen Texten. Für die Kirche sind die Spielleute, die Jongleure und Minstrele, die heimlichen Träger des germanischen Heidentums, der Dämonenabwehr, des Toten- und Fruchtbarkeitszaubers. Nach den deutschen Rechtsbüchern sind die Spielleute ehrlos. Das Magdeburger Schöppengericht von 1456 sagt: »Straßenräuber, Mörder, Spielleute dürfen nicht Zeuge sein.« Die Berufsbezeichnung *musician* kommt erst im 16. Jahrhundert auf.[27]

Während in Burg und Stadt das Singen zur Kunst heranwuchs, sangen in den Klöstern die Mönche ihre liturgischen, geistlichen Gesänge, welche immer anspruchsvoller und, durch die rasche Entwicklung der

Mehrstimmigkeit, schöner, aber komplizierter in ihrer Durchführung wurden. Ist der Entfaltungsprozess der einstimmigen Musik in die Mehrstimmigkeit das Abbild einer Gesellschaft, die die Gleichzeitigkeit erlebte? Immer mehr antikes Wissen fließt in den Westen durch die übersiedelnden byzantinischen Gelehrten, bis zu ihrer endgültigen Auswanderung nach dem Fall des Imperiums (1453), und es wird gedanklich erneut an die »Abweichungen von der strengen Einstimmigkeit« angeknüpft, so wie es bei Plato[28] zu lesen ist.

Das Bedürfnis zur Öffnung in die Natur und zum Mitmenschen, schon bei Hildegard von Bingen deutlich erkennbar, ist ein Zeichen der Bereitschaft des Abendlandes, ein neues geistiges Gesicht zu formen durch die Verschmelzung des humanistischen Strebens der Antike nach Schönheit im Sinne Platos und der monolithischen Suche nach Wahrheit, Liebe und Duldsamkeit im Sinne Christi.

Die Musik des Christentums, die sich über zehn Jahrhunderte einstimmig dem Lob Gottes geweiht hat, tendiert nun dazu Gegenstimmen zu bilden, die aber harmonisch-vertikal klingen sollen. Die Polyphonie, Mehrstimmigkeit, ist das Zeichen der *Renaissance*, der Wiedergeburt des abendländischen Denkens und Fühlens. Um die Polyphonie zu unterstützen – aus dem Salzburger Dom wurde eine Messe zu 48 Stimmen bekannt –, werden *Frauenstimmen* und *Instrumente* gebraucht.

In dieser explosiven Stimmung werden im 14. Jahrhundert verschiedene Texte von verschiedenen musikalischen Stimmen zur gleichen Zeit gesungen, so dass das *Wort*, »Motetus« (aus *mot = geistliches Wort*), immer undeutlicher wird. In der Doppelmotette »Gaudebit« lobt die eine Stimme die guten Priester, die andere klagt gleichzeitig die falschen als die grausamen Henker der Kirche an. Die Kirche verbietet eine Zeit lang die Polyphonie, weil sie das Wort bis zur Unkenntlichkeit deformiert. Ein Jahrhundert später ist der Motetus zu der Motette gewandelt. Ihr auffallendstes Merkmal ist, dass sie den Vortrag verschiedener Texte nicht mehr kennt. Die neue Motette ist nun ausschließlich geistliche Komposition in freier Form und nimmt keinen festen Platz in der Liturgie ein; sie erklingt bei der Wandlung der Messe oder am Schluss.

Der Ausgangspunkt der polyphonen Musik ist wahrscheinlich südlich und westlich der Loire zu finden. Dort geschieht es zum ersten Mal, dass Musik nicht nur durch ein Nacheinander-Folgen, sondern durch ein Übereinander-Stehen der Töne wahrgenommen wird. Diese Einmaligkeit bleibt der westlichen Kultur vorbehalten – keine andere Musikkultur der Welt hat Ähnliches gewollt.

Die Meister Leonin und Perotin der Notre-Dame-Schule in Paris seien erwähnt, wie auch Guillaume de Machaut, dessen Messe von 1365 die erste vollständige vierstimmige Vertonung der Ordinarium-Teile der Messe ist. In Italien werden in mehrstimmiger Madrigale-Form Gedichte von Dante Alighieri (1265–1321), Petrarca (1304–1374) und aus dem »Decamerone« Boccaccios (1313–1375) vertont. Dante Alighieri nennt in Begeisterung den Klang der Polyphonie »süße eindrucksvolle Schönheit«[29] – viel später, im 18. Jahrhundert, meint Jean Jacques Rousseau, der Klang der Polyphonie sei eine »gotische-barbarische Erfindung«.[30]

Diese Erfindung hat sich dennoch sehr rasch durch Europa verbreitet. In England und Irland gewinnt der »fette, gewürzte und süße« Mischklang der Terz, im Gegensatz zur Gregorianik, immer mehr Raum, es erscheint die Dur-Tonalität. Dem großen, schon zu Lebzeiten berühmten Komponisten John Dunstable (1370/80–1453) ist der Zusammenschluss aller bisherigen Möglichkeiten der Polyphonie gelungen, und ohne sein Werk, könnte man behaupten, hätte der spätere Musiktheoretiker Johannes Tinctoris (1435–1511) nicht von einer »neuen Kunst« sprechen können, auf der das großartige Werk der nachkommenden Meister basiert.[31] Guillaume Dufay (1400–1474), Gilles Binchois (1400–1460), Josquin des Près (1440–1521), Orlando di Lasso (1532–1594) sind nur einige, vielleicht die bekanntesten, der franko-flämischen Komponisten, die der neuen Kunst eine besondere Ausdruckskraft und Pracht verliehen haben.

Die mittlerweile erlaubte Mehrstimmigkeit macht jedoch die Kirche zeitweise nicht glücklich. Das vielstimmige Gefüge mit den langen Melodiebögen, welche die grammatikalischen Forderungen des Wortes nicht immer gelten ließen, machen die Texte nach wie vor unverständlich. Papst Marcellus II. (1501–1555) wirft den Sängern seiner Kapelle vor, ihr Gesang am Karfreitag sei zu rauschhaft gewesen. Er müsse verlangen, »dass man die Worte verstehen könne«.[32] Das gleiche Thema hat einige Jahre vorher das Trienter Konzil beschäftigt, und die nun ausgesprochene Forderung, dass die Worte verständlich sein sollen, bedeutete für die Musik ihren Rückgang von der Polyphonie in die Monodie.

Sanctus

Abb. 7: Palestrina, Sanctus aus der Missa Papae Marcelli.[33]

Das zweite Buch mit Messen, an dessen letzter Stelle die »Missa Papae Marcelli« steht, welche Giovanni Pierluigi da Palestrina 1563 komponierte, hat die Kirchenmusik auf seine Weise gerettet. Hier ist das Wort-Ton-Verhältnis dadurch gelöst, dass alle wichtigen liturgischen Texte in einem syllabischen Satz – eine Note zu jeder Silbe akkordisch – geschrieben wurden. Als Palestrina, der »Fürst der Musik«, 1594 starb, wurde er in der Capella nuova der Peterskirche beigesetzt und hinterließ ein Werk, welches 950 Nummern umfasst. Seine selbst geschriebenen Gesetze der musikalischen Stimmführung galten für die Kirchenmusik bis ins 19. Jahrhundert.

Die Polyphonie findet aber nicht nur Anhänger. In dem Augenblick, als sie ihren Höhepunkt erreicht hat und viele Stimmen nach kunstvollen Regeln führt, ist eine allgemeine Müdigkeit und Unzufriedenheit zu spüren. Der Humanist Erasmus von Rotterdam (1466/69–1536) drückt seine Anklage so aus: »Eine verkünstelte und theatralische Musik haben wir eingeführt in die Kirche, ein Geschrei und Getümmel verschiedener Stimmen, wie es meines Erachtens wohl niemals in den Theatern der Griechen und Römer gehört worden ist (...) In die Kirche rennt man wie vor die Bühne, des Ohrenkitzels wegen. Dafür besoldet man mit großem Aufwande Orgelmacher und Scharen von Knaben, deren Jugend darüber hingeht, solche Dinge zu lernen und die aller bessern Bildung fremd bleiben (...)«[34]

Der Vater des Astronomen und Physikers Galileo Galilei (1564–1642), der bedeutende Lautenist Vincenzo Galilei, der auch die antiken Hymnen des Mesomedes veröffentlicht hatte, schrieb in Dialogform um 1581 »Della musica antica e della moderna«. In dieser Schrift stellt er fest, dass die antike Musik stark gewirkt hatte, weil sie einstimmig war. Also, man bedürfe der komplizierten kontrapunktistischen Mittel nicht, um ausdrucks- und eindrucksvolle Musik zu komponieren. Als Antwort darauf sind Werke geschrieben worden, in denen nur die eine Stimme ihre Melodie singt; die anderen Stimmen werden von Instrumenten als akkordische Begleitung übernommen, wobei das Wort und sein Sinn gut verständlich sind; damit wurde der Weg zu der frühen *Oper* geebnet.

In der reformierten Kirche waren die Meinungen geteilt. Der Zürcher Reformator Ulrich Zwingli (1484–1531) verleugnete seine eigene Begabung und lehnte, wie auch Johannes Calvin (1509–1564), im Gottesdienst sogar das einstimmige Singen der Gemeinde ab, da auch die schlichteste

Musik »nur Kunst« sei und bleibe und die Ernsthaftigkeit des Betens gefährde. Dieser Protest ist eine tiefe Paradoxie, wenn man im Nachhinein bedenkt, zu welch überragenden Höhepunkten der Kunst die evangelische Kirchenmusik von Schütz (1585–1672) und Bach (1685–1750) später geführt hat.

Dagegen schrieb Martin Luther (1483–1546), der Augustinermönch war und die Gedanken des hl. Augustin über die Musik kannte: »Deus praedicavit evangelium etiam per musicam« – Gott hat das Evangelium auch durch die Musik gepredigt[35]. Der Musikliebhaber Luther hat die polyphone Musik gelten lassen: »Wo aber die natürliche Musica durch die Kunst gescherfft vnd polirt wird, da sehet und erkennet man erst zum teil (denn gentzlich kans nicht begrieffen noch verstanden werden) mit großer verwunderung die große und vollkommene weisheit Gottes in seinem wunderbarlichen werck der Musica, in welcher vor allem das seltzam und wol zu verwundern ist, das einer eine schlichte weise oder Tenor (wie es die Musici heißen) her singet, neben welcher drey, vier oder fünff andere stimmen auch gesungen werden, die (…) mit mancherley art vnd Klang dieselbige weise wunderbarlich zieren vnd schmücken vnd gleich wie einen Himlischen Tantzreien führen.«[36]

Dennoch wurde der einfache, einstimmige Gemeindegesang ein wichtiger Teil des reformierten Gottesdienstes; das volkstümliche Lied zog in breiter Front in die Kirche ein. Da der Bedarf an gottesdienstlichen Gesängen sehr groß war, und zwar in deutscher Sprache, damit nicht nur die neue Ordnung, sondern auch das gesprochene-gesungene Wort »der einfeltigen vnd des iungen volcks willen, welchs soll vnd muß, teglich inn der schrifft vnd Gottes wort geübt vnd erzogen werden (…)«[37]verständlich wurde, hat Luther selbst viele Texte aus dem Lateinischen übersetzt, 36 neue Lieder gedichtet und mindestens 20 auch mit Melodien versehen.

Mit dem einstimmigen Gemeindegesang und dem von der Orgel übernommenen akkordisch begleitenden Satz überwindet die Musik die Polyphonie und geht den Weg ihrer Eigenentwicklung, nämlich zur Monodie.

Nach langen, sehr bewegten Zeiten steht die in der Kirche und im Kloster geschaffene Musik des Christentums vor einer neuen weit reichenden Phase. Der Baum der abendländischen Musik, dessen Wurzeln in der Antike steckten und dessen Stamm, mit wenigen Ausnahmen, vom 4. bis fast

M. UND J. VLACHOPOULOS

zum 16. Jahrhundert geistliche vokale Musik war, die dem Wort und der Wahrheitssuche zur Ehre und zum Dank des Einen Gottes diente, dieser Baum bekommt neues, sich in alle Richtungen verzweigendes Geäst. Die geballte Kraft einer langen, monolithischen, oft einengenden musikalischen Tradition explodiert in einer unaufhaltsam aufgehenden Krone, wobei die kirchlich-geistliche Musik nur einer der Äste sein wird.

4. Blütezeit – Suche nach anderen Realitäten

Die bisherige Hauptsorge, die Trennung von sakral und profan in der Musik, gibt es von nun an nicht mehr: Die Musik ist, dem Weltbild der Zeit entsprechend, ungeteilt. Die instrumentale Musik gewinnt immer mehr an Wert und Bedeutung, antike Texte, in Libretti umgearbeitet, werden zu Opern vertont; wenn die Opernaufführungen während der Fastenzeit untersagt sind, werden Oratorien, vertonte geistliche Themen (aus »orare« – reden, bitten, beten), aufgeführt. Typische Strukturelemente der weltlichen Musik dringen in die Motetten, Kantaten und Messen ein, instrumentale Kirchensonaten erhalten in Italien große Bedeutung.

Ein deutliches Bild der musikalischen, sich großartig ergänzenden Polarität präsentieren die zwei imposanten Komponisten des *Barock*: Georg Friedrich Händel (1685–1759), der glänzende Vertreter der Kraft und der Natürlichkeit des volksmäßigen Empfindens, und Johann Sebastian Bach, der gemütvolle Grandseigneur der Polyphonie mit dem monumentalen Nachlass an sowohl instrumentalen als auch vokalen Werken weltlicher und vor allem geistlicher Musik.

Bach übernahm wie auch sein Vorgänger, der ebenfalls große Komponist der protestantischen Kirchenmusik Heinrich Schütz, den Stil der Monodie, aber nicht als theatralische, sondern als oratorische Kunst, so dass die »Musica (...) wohl einer Rhetorica zu vergleichen sei«, wie Christoph Bernhard im *Stylus luxurians* seiner Kompositionlehre um 1650 schrieb.[38] Die Musik war schon im scholastischen Trivium mit der Rhetorik eng verbunden, und beide gehörten zusammen mit der Grammatik zu den Artes dicendi, den redenden Künsten; ihre Wechselbeziehung ist nie abgerissen. Predigthören und Musikhören hingen im 17. bis 18. Jahrhundert im Gottesdienst besonders stark zusammen.

veraten ward / Nam er das brot /danckt vnnd

brachs /vnnd gabs seynen iüngern vnd sprach/

Nempt hyn vnd esset/das ist meyn leyb/der für

euch gegeben wird /Solchs thut so offt yhrs

thut/ zu meynem gedechtnis.

Desselben gleychen auch den kelch/nach dem

abendmal vnd sprach /Nempt hyn vnd trincket

Abb. 8: Deutsche Messe, 1526 (hier: aus dem Eucharistischen Hochgebet).[39]

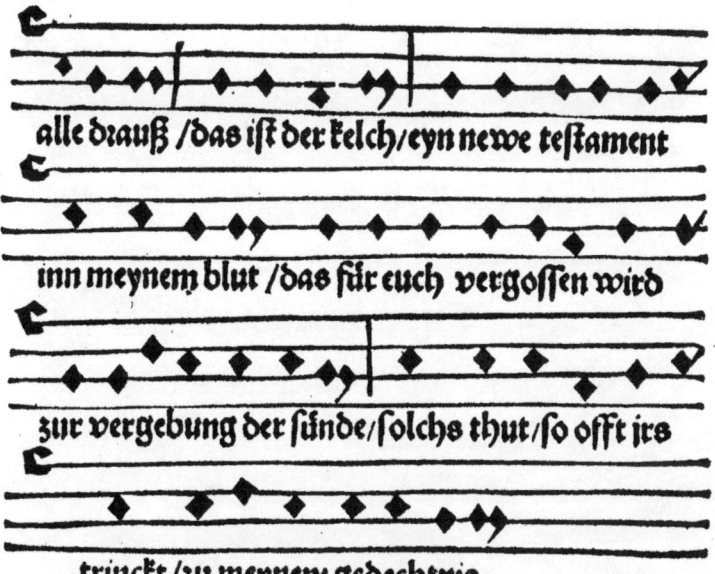

alle drauß /das iſt der kelch/eyn newe teſtament

inn meynem blut /das für euch vergoſſen wird

zur vergebung der ſünde/ſolchs thut/ſo offt irs

trinckt/zu meynem gedechtnis.

Es dunckt mich aber das es dem abendmal gemes
ſey/ſo man flux auff die conſecration des brots/das ſa
crament reyche vnnd gebe/ehe man den kelch ſegenet
Deñ ſo redē beyde Lucas vñ Paulus. Deſſelben gley=
chen den kelch/nach dem ſie geſſen hatten ꝛc. Vnnd die
weyl ſinge das deutſche ſanctus/oder das lyed/Gott
ſey gelobt/oder Johans huſſen lied /Jeſus Chriſtus
vnſer heyland Darnach ſegene man den kelch vñ gebe
den ſelbigen auch/vñ ſinge was übrig iſt von obgenã
ten liedern oder das deutſche Agnus dei Vñ das man
feyn ordenlich vñ zuchtig zugehe/nicht man vñ weyb
ſonder die weyber nach den menern/darümb ſie auch
E ij

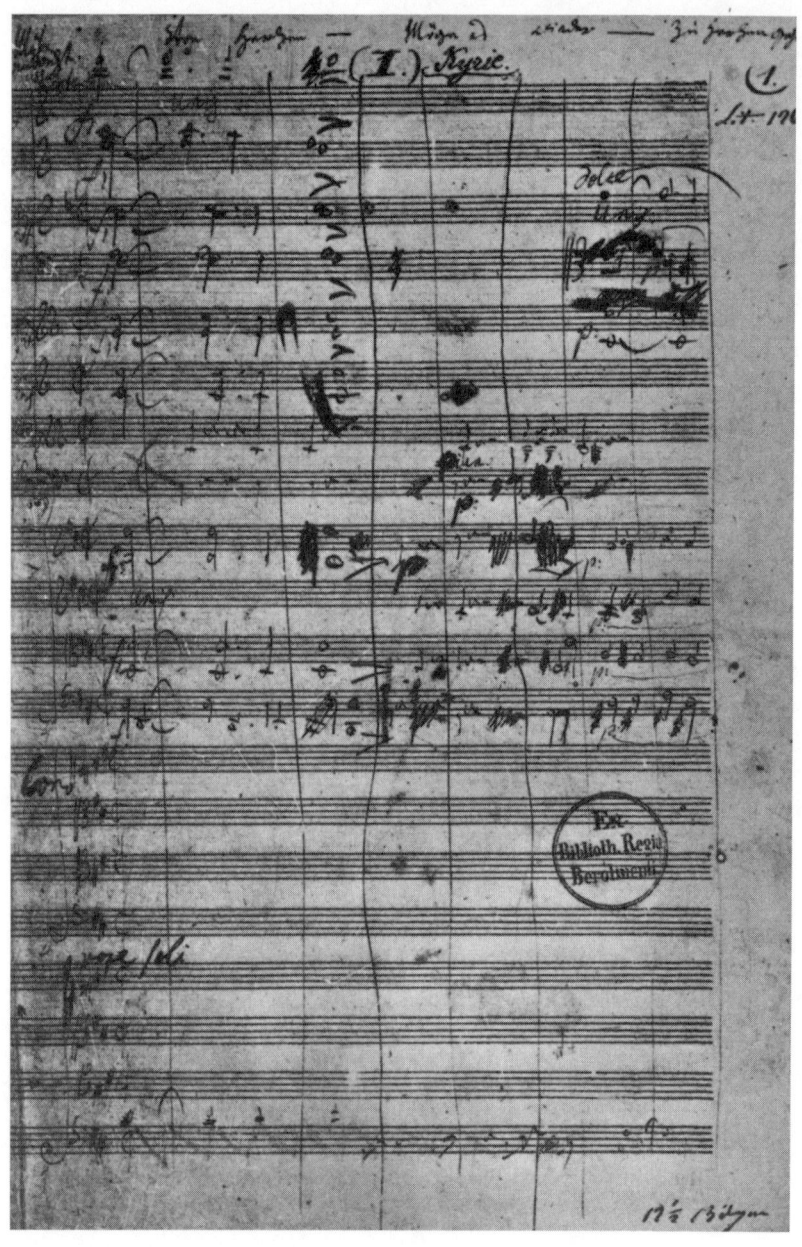

Abb. 9: Beethoven, Missa solemnis, Autograph der ersten Seite des Kyrie.[40]

M. UND J. VLACHOPOULOS

Sowohl Bibeltexte als auch freie Dichtung wurden in der Form des Oratoriums, der Passion, der Passion-Oper, der Passion-Kantate und der Messe rezitiert; ihr wichtigstes Thema war die Leidensgeschichte Christi. Im Oratorium sah die protestantische Kirche den Weg des tiefsten In-sich-Kehrens des Christen.

Gewaltig und doch einfühlsam leitet den Zuhörer die Musik Bachs auf diesen Weg. Sie stellt eine vollkommene Mischung aus Kunst, Mystik und Wissenschaft dar, in unaufhörlichem Zusammenfluss von Inspiration und Verstand, Affekt und Vernunft. »Nicht Bach sollte er heißen, sondern Meer« sagte Beethoven (1770–1827).[41] Ein Meer, welches wir, in unserer Zeit der Leistung und der unaufhörlichen visuellen Reize, mit Sehnsucht immer wieder aufsuchen, um den vergessenen Klang des *Wortes* in uns zu hören.

Die Komponisten, keineswegs mehr weltabgewandt, schreiben vorwiegend weltliche Musik, sind aber, wie ihre Werke aussagen, tief religiös: Sie erfahren die Inspiration als Hierophanie, die Welt, auf der sie stehen, ist sakral. Mit ihrer Wiedergabe der Schöpfung, mit der Wiederholung des Leidens und der Auferstehung durchbrechen sie die Homogenität der Zeit. Es entstehen Werke, die die menschlichen Normen weit übersteigen: Händels »Der Messias« (1742), Haydns »Die Schöpfung« (1798), Mozarts »Requiem« und »Ave verum« (beide aus seinem Todesjahr 1791) und Beethovens »Missa solemnis« – angefangen 1819 mit den auf der Partitur notierten Worten »Von Herzen – Möge es wieder zu Herzen gehen«, vollendet 1823.

Prophetisch und tief human schreibt Beethoven im »Agnus Dei« über das »Dona nobis pacem« den Satz: »Bitte um innern und äußern Frieden« und verschließt immer mehr die Ohren vor einer immer unfriedlicheren Welt. Vier Jahre später stirbt er einsam und taub und hinterlässt der Welt das unermessliche Geschenk: sein im Glauben geschaffenes Werk.

Mit den sechs lateinischen Messen Franz Schuberts (1797–1828) wird die geistliche Musik von der Klassik in die affektvolle Romantik geleitet, wo sie Höhepunkte in den Oratorien von Felix Mendelssohn-Bartholdy (1809–1847), in dem späteren Gesamtwerk Franz Liszts (1811–1886) und im »Requiem« von Giuseppe Verdi (1813–1901) findet.

Johannes Brahms (1833–1897) komponiert, außer seinen grandiosen polyphonischen Motetten, »Ein deutsches Requiem«, welches auf tief religiösem Boden steht, obwohl es von den Merkmalen des »typischen« Requiem abweicht, und Anton Bruckner (1824–1896) drückt mit Hilfe von vier Orchestermessen und Requiem, Missa solemnis, Choralmesse, Magnificat sowie mehreren für Chor vertonten biblischen Texten seine Verpflichtung gegenüber der Katholizität aus.

1882, ein Jahr vor seinem Tod, erlebt Richard Wagner (geb.1813) die Uraufführung seiner Oper »Parsifal – Ein Bühnenweihfestspiel in drei Aufzügen«[42], wie er selbst sie nannte. Der junge Gustav Mahler schreibt ein Jahr später: »Als ich, keines Wortes fähig, aus dem Festspielhaus hinaustrat, da wusste ich, dass mir das Größte, Schmerzlichste aufgegangen war, und dass ich es unentweiht mit mir durch mein Leben tragen werde.«[43]

Das Libretto zu »Parsifal« ist die endgültige Fassung von »Parzival« des Minnesängers Wolfram von Eschenbach, welcher die »Perceval«-Urdarstellung von Chrétien de Troyes aufarbeitete. Thema ist die Sage vom heiligen Gral, einem betont *christlichen* Werk, welches Wagner lange und intensive Arbeit kostete (schon am 17. Mai 1877 las er bei einem Empfang durch Königin Victoria im Schloss Windsor das vollständig bearbeitete Libretto vor) und ihm den Abbruch einer alten und engen Freundschaft einbrachte, der mit Friedrich Nietzsche (1844–1900). Letzterer schrieb am 4. Januar 1878 an Reinhart von Seydlitz: »Gestern kam, von Wagner gesandt, der Parsifal in mein Haus. Eindruck des ersten Lesens: mehr Liszt als Wagner, Geist der Gegenreformation; mir, der ich zu sehr an das Griechische, menschlich Allgemeine gewöhnt bin, ist alles zu christlich, zeitlich beschränkt (...) Die Sprache klingt wie eine Übersetzung aus einer fremden Zunge. Aber die Situationen und ihre Aufeinanderfolge – ist das nicht von der höchsten Poesie? Ist es nicht eine letzte Herausforderung der Musik?«[44] Die Partitur wurde erst am 13. Januar 1882 beendet.

Wagner sucht nach heiligen Realitäten: Er reaktiviert Mythen, die in die klare Urquelle einer inzwischen verschleierten Religiosität führen, denn das religiöse Verständnis des Menschen am Ende des 19. Jahrhunderts ist gespalten. Seit der Aufklärung will eine große Anzahl von Wissenschaftlern die Natur und den Menschen getrennt von der sakralen Dimension ihrer Existenz begreifen. Und die Musik? In einer suchenden, geheimnisvollen, nicht immer sichtbaren Gegenwart stehend, wendet sie sich in die Vergangenheit, in illo tempore, aus Sehnsucht nach der Vollkommenheit des Anfangs.

M. UND J. VLACHOPOULOS

Auf das Unerlöste deuten die Wagner'schen harmonischen Wanderungen der doppelten Dominanten, die nicht zur Grundtonart wiederfinden – der Ausgangspunkt ist nicht mehr das Ziel. Die Sehnsucht nach woanders, nach einer vollkommeneren Welt, lässt stets Fragen offen; dissonante Akkorde werden nicht aufgelöst. Am Ende des Weges musste die Atonalität stehen, welche tatsächlich im darauf folgenden, dem eben ausgeklungenen 20. Jahrhundert, ausbrach.

5. Neuzeit – Neuland

Arnold Schönberg betrat mit letzter Konsequenz das Neuland der atonalen Musik, der Musik ohne das übergeordnete Zentrum, die Tonika, worauf sich die Töne und Akkorde beziehen. Die einzelnen musikalischen Ereignisse werden in der atonalen Musik als selbständige und gleichrangige Größen behandelt.

Eines der Hauptmerkmale des 20. Jahrhunderts ist die Atomspaltung; der neue Aufbruch in der Physik spiegelt sich ideell in der Musik in dem Manifest der neuen Freiheit wider: »Frei ist die Tonkunst geboren und frei zu werden ihre Bestimmung (...) Nehmen wir es uns doch vor, die Musik zu ihrem Urwesen zurückzuführen, befreien wir sie von architektonischen, akustischen und ästhetischen Dogmen, lassen wir sie reine Erfindung und Empfindung sein, in Harmonien, in Formen und Klangfarben«, so drückt sich Busoni in seinem »Entwurf« aus.[45] Doch das, was darauf folgte, war nicht allein die Änderung des Orientierungspunktes im musikalischen Horizont, es war die Sprengung Jahrtausende alten Kunstbaus in seine Bestandteile. Es entsteht ein neues Bild: eine noch nicht da gewesene Fülle an Material, ein riesiges Sammelbecken für höchst gegensätzliche Musiksprachen, kein eindeutiger Stil, Hunderte von Musikschaffenden – zwischen ihnen liegen Abgründe.

Und doch, eine bedeutende Anzahl ausdrucksmächtiger Komponisten unserer Zeit hat ein gemeinsames Merkmal vorzuweisen: Sie leistet mit ihrem Werk massiven Widerstand gegen die völlige Profanisierung der westlichen Welt, denn die bewusste Rückkehr des Menschen zu religiöser Haltung hat dem schöpferischen Künstler stets neue Impulse gegeben. Man denke an die Kompositionen mit geistlichem Inhalt von M. Reger (1873–1916), A. Schönberg (1874–1951), I. Strawinsky (1882– 1971),

A. Webern (1883–1945), H. Kaminski (1886–1946), P. Hindemith (1895–1963), W. Fortner (1907–1987), O. Messiaen (1908–1992), B. A. Zimmermann (1918–1970), G. Ligeti (1923), K. Stockhausen (1928), K. Penderecki (1933), A. Pärt (1935), um nur einige Namen zu erwähnen.

Der »ernsten« oder B-Musik bleibt bei ihrer höchst individuellen, dramatischen Suche nach neuen Wegen des Schaffens nur ein sehr geringer Teil der Zuhörerschaft treu; das große »Publikum« (neuer Begriff!) wendet sich der so genannten Unterhaltungs- oder A-Musik zu – eine nicht unproblematische Dichotomie.

Die musiksoziologischen Studien schematisieren die Charakteristika der »ernsten« und der »leichten« Musik, obwohl oft die sicheren Kriterien einer Abgrenzung fehlen, durch Gegenüberstellungen wie: überwiegende Emotionalität (»Schnulze«), Rührung durch »gesunkene« Mittel der Kunstmusik gegenüber: überwiegendem Intellektualismus, Rührung durch die »Tiefe« des Werkes. Oder: Musik als Ware, Einfluss des Marktes auf die Gestaltung der Werke, Konsummusik, Massenmusik gegenüber: Disziplinierung des Ausdrucks, Denken in musikalischen Bildern, autonome Musik mit Werken, die, obwohl sie in die Marktverhältnisse einbezogen werden, ihr Wesen dadurch nicht verlieren, ästhetische Musik für Kenner.[46]

In einer säkularisierten, hoch technologisierten Welt steht der heutige Komponist bis auf geringe Ausnahmen isoliert von seinen Zuhörern da, mit dem schwersten Erbe einer glorreichen Vergangenheit und keinem vorgegebenen Weg vor sich. Es gibt keine allgemein geltende musikalische Sprache mehr, um das Bewusstsein der Hörer zu erreichen, und dennoch obliegt dem Komponisten die subtile Aufgabe, eine neue Ordnung zwischen dem Menschen und der Zeit zu schaffen. Auf der Suche nach geheiligtem Boden für das Empfangen der Inspiration läuft er Gefahr, das sich stets und rasch wandelnde Bild der Welt und ihre wahren Nöte zu übersehen. Mehr denn je zuvor ist er berufen, »Persönliches« zu überwinden, sich ernsthaft zu fragen, ob er die Quelle des Anrufs, von dem der Radius der Gültigkeit seiner Schöpfung und deren psychagogische Qualität abhängt, beim Namen nennen kann, ob er sich bedingungslos dem schöpferisch verbindenden, tief christlichen Wort des Augustinus öffnen kann: »Dilige – et quod uis fac«[47]: »Liebe – und was du dann tun willst, das tu.«

PASSIO ET MORS DOMINI NOSTRI IESU CHRISTI SECUNDUM LUCAM

Abb. 10: K. Penderecki, Lukas-Passion.[48]

1 Bildzitat aus: Hermann Matzke, Musikgeschichte der Welt, Berlin 1961, S. 53.

2 Aristoteles, Metaphysik, 14. Buch (N), 1090 a, hrsg. von Franz F. Schwarz, Stuttgart [2]1984.

3 Bildzitat aus: Hermann Matzke, a. a. O., S. 21.

4 Vgl. Flavius Iosephus, Jüdische Altertümer, 15. Buch, Wiesbaden [12]1994, S. 8.

5 Vgl. P. Christou, Helliniki Patrologia, 2. Bd., Athen 1977, S. 769.

6 Basilius d. Gr., 1. Psalm, PG 29, 212 B.

7 Melodoi: Pluralform von Melodos, d. h. Hymnendichter und zugleich Komponist.

8 Ignatius von Antiochien, Brief an die Gemeinde in Rom.

9 Iustinus, Apologie, A 66.

10 Vgl. Iustinus, Apologie, PL 1.

11 Johannes Chrysostomos, 12. Psalm, PG 55, S. 157.

12 Vgl. Iakobos Giamaios, Kyries ptyches tis ekklisiastikis mousikis, Athen 1994, S. 83 ff.

13 Augustinus, Confessiones, übers. und hrsg. von Kurt Flasch und Burkhard Mojsisch, 9. Buch, Stuttgart 1989, VI., S. 14 u. VII., S. 15–16.

14 Bildzitat aus: Christian Hannick, Die Musik in Geschichte und Gegenwart, Band 2, Kassel [2]1995, S. 299.

15 Kontakia: eine neue Form der Hymnographie, mit einem kurzen Kehrreim, der von der ganzen Gemeinde gesungen wurde, wie später in der evangelischen Kirche, und mit ausgesuchtem Versanfang, so dass die ersten Buchstaben senkrecht gelesen Wörter oder Namen bildeten.

16 A Composer's World, New York 1952, zit. nach Kurt Pahlen, Die große Geschichte der Musik, München 1996 (1998), S. 20–21.

17 Kurt Pahlen, Die große Geschichte der Musik, a. a. O., S. 17 ff.

18 Bildzitat aus: Hermann Matzke, a. a. O., S. 28.

19 Vgl. Joachim Ernst Berendt, Nada Brahma – Die Welt ist Klang, Frankfurt/Main 1983 ([4]2000), S. 84 ff.

20 Vgl. Thomas Schäfer, Visionen. Leben, Werk und Musik der Hildegard von Bingen, München 1996 (1998), S. 218.

21 Ebd.

22 Das Leben der heiligen Hildegard. Berichtet von den Mönchen Gottfried und Theoderich, übersetzt und kommentiert von A. Führkötter, Salzburg 1980, S. 56 ff.

23 Hildegard von Bingen, Briefwechsel, übersetzt von A. Führkötter, Salzburg 1965, S. 236.

24 Bildzitat aus: Hildegard von Bingen, Lieder, Salzburg 1969, S. 30.

25 Vgl. Joseph Gelineau, Chant et musique dans le culte chrétien, Paris 1962, S. 35 ff. und S. 61.

26 Bildzitat aus: Hermann Matzke, a. a. O., S. 34.

27 Vgl. Hans Engel, Musik und Gesellschaft – Bausteine zu einer Musiksoziologie, Berlin 1960, S. 204 ff.

28 Plato, Nomoi, VII, 812 D, hrsg. von Gunther Eigler, Darmstadt 1977, Bd. 8, S. 73.

M. UND J. VLACHOPOULOS

29 Zit. nach Gerhard Nestler, Geschichte der Musik, Gütersloh 1962, S. 112 (vgl. auch: ders., Geschichte der Musik. Die großen Zeiträume der Musik von den Anfängen bis zur elektronischen Komposition, Mainz/Zürich 1997).

30 Gerhard Nestler, Geschichte der Musik, a. a. O., S. 112.

31 Eingehend informiert darüber H. H. Eggebrecht in: Musik im Abendland. Prozesse und Stationen vom Mittelalter bis zur Gegenwart, München 1991 ([3]2000), S. 277 ff.

32 Zit. nach Gerhard Nestler, Geschichte der Musik,, a. a. O., S. 185.

33 Bildzitat aus: Hermann Matzke, a. a. O., S. 44.

34 Gerhard Nestler, a. a. O., S. 187.

35 Zit. nach: Das Atlantisbuch der Musik, hrsg. von Fred Hamel und Martin Hürlimann, München/Zürich 1964, Bd. 2, S. 711 ff.

36 Martin Luther, Vorrede zu den Symphoniae jucundae, 1538.

37 Martin Luther, Vorrede zur Deutschen Messe, 1526.

38 Zit. nach Gerhard Nestler, Geschichte der Musik,, a. a. O., S. 305.

39 Faksimile (ohne Ort, ohne Jahr) aus der Ausgabe Wittenberg 1526.

40 Bildzitat aus: Fritz Zobeley, Beethoven, Reinbek 1965, S. 131.

41 Zit. nach Kurt Pahlen, Die große Geschichte der Musik, a. a. O., S. 216.

42 Martin Gregor-Dellin, Richard Wagner. Sein Leben – sein Werk – sein Jahrhundert, München 1983 ([3]1999), S. 170.

43 Zit. nach Martin Gregor-Dellin, a. a. O., S. 169.

44 Zit. nach Martin Gregor-Dellin, a. a. O., S. 155.

45 Zit. nach Gerhard Nestler, Geschichte der Musik, a. a. O., S. 548.

46 Vgl. Elisabeth Haselauer, Handbuch der Musiksoziologie, Wien/Köln/Graz 1980, S. 181 ff., und Vladimir Karbusicky, Empirische Musiksoziologie, Wiesbaden 1975, S. 46 ff.

47 Augustinus, In epistulam Iohannis ad Parthos tractatus decem, VII, 8.

48 Kryzsztof Penderecki, Erste Partiturseite der Lukas-Passion, Moeck Verlag, Celle 1967.

Christentum und Literatur

GEORG LANGENHORST

Religion und Literatur sind zwei Größen, die in ihrem Ursprung gar nicht zu trennen, vielmehr doppelt miteinander verzahnt sind. Einerseits berufen sich die großen religiösen Traditionen auf heilige Schriften, die selbst einen hohen weltliterarischen Rang einnehmen: Ob hebräische und christliche Bibel, ob antike römisch-griechische Kultschriften, ob Koran, Bhagavadgita oder die Veden – in ihrem Kern berufen sich die Hochreligionen auf schriftliche Zeugnisse. Andererseits wachsen die neuzeitlichen Nationalliteraturen ganz im Bereich von Religion heran. Das wird vor allem im Blick auf die abendländische Literatur im Kontext eines geschlossenen christlichen Weltbildes deutlich. Am Anfang literarischen Schaffens in den neu entstehenden Nationalsprachen Europas stehen Evangelienharmonien, liturgische oder katechetische Schriften wie Hymnen oder Beichtspiegel, aber auch Segens- oder Zaubersprüche. Mit Recht kann man von einer »vormodernen Einheit von Christentum und Kultur«[1], darin eingeschlossen von Christentum und Literatur, sprechen.

Der Bruch zwischen Christentum und Literatur, anders gesagt: die Loslösung und herauswachsende Eigenständigkeit der Kultur aus dem Bereich des Christentums vollzieht sich langsam seit dem 17. Jahrhundert. Mehr und mehr kommt es zu einem »autonomen« Kunst- und Literaturverständnis, das sich mit der Säkularisation zu Beginn des 19. Jahrhunderts endgültig durchsetzt. Autonomie bedeutet freilich keineswegs Beziehungslosigkeit. Im Gegenteil, erst nachdem die Einheit von Christentum und literarischem Schaffen zerbrochen ist, werden eigenständige, produktive und herausfordernde Auseinandersetzungen mit der christlichen Tradition im Bereich von Literatur möglich. Ging es zuvor vor allem um Ausmalung, Bebilderung und Bestätigung der religiösen Tradition, so wächst nun ein Spannungsverhältnis, das für beide Seiten fruchtbar ist: für die christliche Tradition, weil sie sich selbst immer wieder überprüfen und weiterentwickeln kann durch die Spiegelungen und

Provokationen der Literatur; für die Literatur, weil sie ihre Wurzeln im Christentum immer wieder künstlerisch fruchtbar machen kann.

Dieser Befund gilt bis in das dritte christliche Jahrtausend hinein und zieht die entscheidende Konsequenz nach sich: Ohne eine fundierte Kenntnis der christlichen Kultur, ohne ein Wissen um zentrale Schriften der Bibel und traditionelle Entfaltungen der Kirchen in Kult, Brauchtum, Theologie und Lehre ist ein angemessenes Verständnis der Literatur nicht möglich. Und dieser Befund gilt nicht nur rückwärts gewandt für die literarischen Zeugnisse vergangener Jahrhunderte, sondern für Gegenwart und absehbare Zukunft gleichermaßen. Gleich eingeräumt, auch der Umkehrschluss ist möglich und wichtig: Ohne ein systematisches Bedenken der Zeugnisse zeitgenössischer Kultur verkommen die Kirchen zur bloßen Selbstbespiegelungsinstitution ohne die Möglichkeiten zu Selbstkontrolle, Weiterentwicklung und Außenwirkung in die Gesamtgesellschaft hinein. Im Folgenden soll jedoch nicht diese Zielrichtung weiterverfolgt werden[2], sondern die erstgenannte Fragerichtung im Vordergrund stehen: Wo zeigen sich Prägespuren des Christentums in der hier vor allem betrachteten deutschsprachigen Literatur? Wo finden sich anschauliche Belege für die These, die Literatur sei ohne Kenntnis der christlichen Tradition nicht angemessen erfassbar?

Diese Fragen können hier nur exemplarisch beantwortet werden. Im Folgenden werden deshalb drei Suchmuster an die Literatur herangetragen, in denen jeweils zwei literarische Texte miteinander verglichen werden, um so auch Entwicklungen der Beziehung von Literatur und Christentum mit in den Blick nehmen zu können. Die Suchmuster orientieren sich dabei an den drei literarischen Hauptgattungen Drama, Epik und Lyrik.

1. Suchmuster: Drama – Von Hiob zu Faust

Als *Johann Wolfgang von Goethe* (1749–1832) im Herbst 1775 sechsundzwanzigjährig nach Weimar kam, bewahrte er Skizzen in seinem Reisegepäck auf, die er zu einem Drama auszugestalten gedacht. Im Zentrum sollte die Faust-Gestalt stehen, jener berüchtigte Teufelsbündner, der etwa dreihundert Jahre vor Goethe gelebt haben soll und über den zu diesem Zeitpunkt eine breit ausgefaltete literarische Tradition – Erzählungen, Sachbücher, Dramen – bereits vorlag. Faszinierend für den jungen Goethe: ein Gelehrter, der den Rand des Wissbaren neu ausloten will; der die Fesseln des Ichs sprengen will; der in Liebe, Lust und Macht durch ein Bündnis mit dem Teufel mehr erreichen will als jeder Mensch vor ihm. Dieses Thema wird Goethe bekanntlich sein Leben lang nicht loslassen. Doch wie er in der frühen Weimarer Zeit mit seinem Stoff auch ringt, die zufrieden stellende Ausgestaltung will ihm nicht gelingen. Erst 1790 lässt er ein Zwischenergebnis veröffentlichen: »Faust. Ein Fragment«.

Goethe spürt, dass dem Drama die Tiefe fehlt, dass die religiösen und philosophischen Grundfragen noch nicht deutlich werden. Da stößt er auf ein Faustbuch, das *Johann Nicolaus Pfitzer* bereits 1674 herausgegeben hatte: die dritte, erweiterte Fassung der »Historia und Geschicht Doctor Johannis Fausti des Zauberers«. Und hier findet er einen für ihn entscheidenden Hinweis. Denn wie sei es denkbar, dass Gott ein Bündnis von Teufel und Mensch überhaupt zulasse? Nun, so Pfitzer, der Teufel müsse Gottes Erlaubnis dazu einholen, und ein Vorbild dafür sei im biblischen Hiobbuch bezeugt.[3]

Diesem Hinweis geht Goethe nach. Mehr und mehr leuchtet ihm der Gedanke ein, sein Faust-Drama als Gegenspiel zum biblischen Hiob zu inszenieren. Zwar ist das biblische Hiobbuch kein Drama im eigentlichen Sinne, da das literarische Bühnenspiel im alttestamentlichen Judentum keinen Platz hatte, doch kommt es von allen biblischen Schriften dem Vorbild des antiken Dramas am nächsten. Goethe schwebte offenbar die folgende Vision vor Augen: Hiob und Faust sind Gottesknechte, die durch satanische Versuchungen dazu bewegt werden sollen, von Gott abzufallen. Die konkrete Gestalt dieser Versuchungen aber sollte gegensätzlicher nicht gedacht werden können: der eine versucht durch Leid, der andere durch Lust; der eine durch Armut, der andere durch Reichtum; der eine durch Protest, der andere durch Übermut; der eine durch zu wenig, der andere durch zu viel zum Leben. Genau diese biblisch inspirierte Tiefenbedeutung hatte Goethe bislang gefehlt!

Alle weiteren Gestaltungen des Fauststoffes – angefangen mit dem zentralen »Prolog im Himmel«, welcher der 1808 gedruckten Fassung »Faust. 1. Teil« als Rahmen für das gesamte Werk vorangestellt wird – sollten von dieser Grundidee aus erfolgen. Wie eng sich Goethe fortan an den Vorgaben des Hiobbuches orientieren sollte, gab er später selbst ohne Umschweife im Rahmen einer Debatte über Plagiatsvorwürfe gegen ihn zu. Habe er sich nicht häufig in seinem Werk geistigen Eigentums von Vordenkern allzu leichtfertig bedient? Goethe kontert solche Vorwürfe in einem Gespräch mit Kanzler *Friedrich von Müller* am 17.12.1824: »Nur durch Aneignung fremder Schätze entsteht ein Großes. Hab ich nicht auch im Mephistopheles den Hiob (...) mir angeeignet?«[4] Und ganz ähnlich, aber noch deutlicher, in einem Gespräch mit *Johann Peter Eckermann* vom 18.01.1825: »Hat daher auch die Exposition meines ›Faust‹ mit der des ›Hiob‹ einige Ähnlichkeiten, so ist das wiederum ganz recht, und ich bin deswegen eher zu loben als zu tadeln.«[5] Ganz bewusst greift Goethe also auf das biblische Buch zurück, um an ihm entlang und gegen es sein Faust-Drama zu strukturieren und zu konturieren.

Wie benutzt Goethe nun konkret die biblische Vorlage? Zunächst übernimmt er für seinen »Prolog im Himmel« die komplette Szenerie, das personifiziert-anthropomorphe Erscheinen Gottes vor den Gottessöhnen, unter denen sich auch Satan/Mephistopheles befindet. Und bis in die Verteilung und Impulsfolge der Wortrollen hält sich Goethe an das biblische Vorbild. Wie im Hiobbuch so auch im Faust spricht Gott den Versucher auf »seinen Knecht« (Hiob/Faust) an, der ihm als vor Gott und Menschen vorbildliche Gestalt erscheint. Freilich: Wo Hiob unwidersprochen als ein solches Vorbild »untadelig und rechtschaffen« (Hiob 1,8) vorgestellt wird, da wird Faust als hoch strebender Phantast vorgestellt, den »der Herr« in Schutz nehmen muss: »Wenn er mir jetzt auch nur verworren dient,/So werd ich ihn bald in die Klarheit führen.«[6] Unterschied von Anfang an also: Die Vorbildlichkeit der Gottesknechte ist einmal Realität, das andere Mal Potenzial.

Genau diese Vorbildlichkeit wird im Folgenden auf die Probe gestellt. Die Gottesknechte werden einer satanischen Prüfung unterzogen, die ihre Treue in Frage stellt. Wenn dabei im »Faust« eine Wette um Fausts Seele inszeniert wird, so ist dies stets allein die Etikettierung, welche Mephistopheles gebraucht. »Der Herr« lässt diesen zwar gewähren, betont jedoch: »Du darfst auch da nur frei erscheinen« (S. 18). Wie im Hiobbuch ist die Rede von einer »Wette« eigentlich unangebracht, denn einerseits widerspricht eine Wette zwischen Gott und einem Gegenspieler, der sie gewinnen könnte, den Gottesvorstellungen in beiden Dichtungen. Andererseits wird auch der für eine Wette konstitutive Preis für den Gewinner nie wirklich deutlich. Am Ende beider Dichtungen bedarf es deshalb auch keines »Epilogs im Himmel«, in dem etwa der Erfolg einer

Wette oder auch nur die direkte Bestätigung der Prüfung explizit benannt werden müsste. Der Satan ist in beiden Dichtungen nur Ankläger und Versucher, nie aber gleichmächtiger Opponent Gottes. In Goethe'scher Sprache: Dieser »Geist, der stets verneint« (S. 47), »reizt und wirkt« (S. 18) gegen die allzu leicht erschlaffende Tätigkeit des Menschen. Beide Male also wird ein besonderer Mensch in einem idealtypischen Lehrstück auf die Probe gestellt. Nicht nur der Charakter dieser Prüfungen, auch die jeweiligen Ziele sind freilich unterschiedlicher Natur. Während Hiob klären soll, ob der Mensch Gott nur wegen seines Wohlergehens lobt, muss Faust beweisen, dass sich »ein guter Mensch auch in seinem dunklen Drange des rechten Weges wohl bewusst« (S. 18) ist. In der Ausführung dieser Prüfung wird Hiob in die tiefsten Regionen menschlichen Leidens geführt, Faust hingegen durchlebt alle Sphären menschlicher Verlockungen. Diese Vorgabe führt dazu, dass beide Dichtungen zwei in ihren Haupthandlungen sehr verschiedenartige Werke sind.

Und doch treffen sie sich am Ende wieder: Beide Fast-Tragödien, die eher auf ein tragisches Ende zusteuern, enden unvermutet in Versöhnung. Der doppelten Wiederherstellung Hiobs im biblischen Buch (Wiederherstellung der gestörten Gottesbeziehung, Wiedereinsetzung in weltliches Glück) entspricht strukturell das »Wer immer strebend sich bemüht, den können wir erlösen« (S. 359) Goethes. Auch wenn der Wortlaut beider Werke den Eindruck erweckt, die satanische Versuchung behielte letztlich Recht, so setzen sich beide Werke über die Logik hinweg und inszenieren eine Versöhnung jenseits von Rationalität. Dem gegen Gott rebellierenden, ihn scharf anklagenden Hiob wird mit göttlicher Autorität bescheinigt, »recht von mir geredet« (Hiob 42,7) zu haben; dem allen teuflischen Versuchungen erlegenen Faust wird das im Grunde rechte Streben als entscheidende Gesinnung angerechnet. In beiden Prüfungen bewährt sich nicht eigentlich der jeweilige Prüfling Mensch, sondern der je größere Gott. Insofern kann man diese beiden großen Werke der Weltliteratur – »Hiob« und »Faust« – als authentische literarische Theodizee bezeichnen, in denen eben nicht die Sachlogik Gott vor dem Verstandeshof menschlicher Vernunft rechtfertigt, sondern die gnadenhafte Versöhnung.

Goethes Rückgriff auf das Hiobbuch im »Faust« erfolgte im Rahmen einer allgemeinen literarisch-theologischen Konzeption, die besonderer

Erwähnung bedarf, weil sie erneut auf das Hiobbuch zurückgeht: das »Theatrum Mundi«[7]. Ausgehend vom Prolog des biblischen Buches – aber in der Ausdeutung weit darüber hinausgehend – wird der Mensch hier porträtiert als fast ohnmächtige Spielfigur auf der Weltbühne. Wie eine Marionette erscheint der Mensch hier, hin- und hergerissen zwischen den rivalisierenden Spielleitern Gott und Satan. Ihre Aufwertung zur weltliterarisch bedeutsamen Struktur hatte diese Vorstellung des »Theatrum Mundi« im Zusammenhang mit einer literarischen Ausformung des spätmittelalterlichen geistlichen Dramas zur Zeit des spanischen Barocks erfahren, im so genannten »auto sacramental«. Als Prototyp gilt »Das große Welttheater« von *Pedro Calderón de la Barca* (1600–1681). Abstrakte Eigenschaften, Tugenden und Laster treten personifiziert, aber ohne jegliche individualpsychologische Zeichnung auf und kämpfen in allegorisch-zeitlosen Handlungen um die menschliche Seele. Mit offen liegender didaktisch-moralisierender Absicht wird dem Publikum ein Beispiel christlich-sittlicher Lebensführung vorgespielt. – Die Welt wird so zum großen Theatrum Mundi, in dem ein jeder die ihm zufallende Rolle bestmöglichst auszufüllen hat.

Schon vor Calderón hatte sich für diese Gattung in dem Ende des 15. Jahrhunderts verfassten englischen Moralitätenspiel »Everyman« ein Prototyp entwickelt. Als die Mysterienspiele im frühen 20. Jahrhundert eine literarische Renaissance erleben (durch Autoren wie *T. S. Eliot* oder *Wolfgang Borchert*), wählt sich Hugo von Hofmannsthal (1874–1929) – mit seinen Mysterienspielen »Das kleine Welttheater« (1902) und »Das Salzburger große Welttheater« (1922) in direkter Tradition Calderóns – diese Vorlage für eines seiner berühmtesten Werke, den alljährlich in Salzburg aufgeführten »Jedermann«.

Goethes Rückgriff auf das Hiobbuch muss also über die direkten biblischen Einflüsse hinaus im Rahmen dieser zeitüberspannenden Konzeption des »Theatrum Mundi« gesehen werden. Einmal entdeckt, übte das Hiobbuch auf Goethe ein Leben lang große Faszination aus. Mindestens viermal erwähnt er es in seinem Tagebüchern[8]; seiner naturwissenschaftlichen Untersuchung zur »Morphologie« stellt er als Motto ein Hiobzitat voraus[9], preist das biblische Buch als »gültiges Zeugnis« dafür, »dass Poesie, Religion und Philosophie ganz in Eins«[10] zusammenfallen können und widmet dem Hiob das folgende Kurzgedicht[11]:

»Hiob:
Ihr wollt meiner spotten:
Denn ist der Fisch gesotten,
Was hilft es dass die Quelle fließt?

Die Freunde:
O lass die Jammer-Klagen,
da nach den schlimmen Tagen
man wieder froh genießt.«

Grundsätzlich betrachtet belegt Goethes Rückgriff auf die Bibel anschaulich, wie stark das Christentum als Kultur schaffende Kraft wirken
konnte und wie notwendig ein Grundwissen um dieses religiöse Erbe ist,
um literarische Werke verstehen zu können. Dass gerade das Hiobbuch
einen entscheidenden Einfluss auf die Literatur des 20. Jahrhunderts ausgeübt hat, dass dieser Hiob zu einem literarisch vielfach aufgerufenen
Zeitgenossen wurde, lässt sich an anderer Stelle nachlesen[12]. Neben die
direkten stoffgeschichtlichen Spuren hin zu Schriftstellern wie *Nelly
Sachs, Yvan Goll, Karl Wolfskehl, Joseph Roth, H. G. Wells, Archibald MacLeish,
Paul Claudel, Muriel Spark* oder *Robert Frost* treten dabei eher indirekt-mo-
tivische Prägungen im Werk von *Kierkegaard, Melville, Kafka* oder *Beckett.*
Der Einfluss vom Christentum – und im Blick auf Hiob damit untrennbar
verbunden: Judentum! – auf die Literatur tritt am Beispiel Hiob-Faust im
Rahmen der Vorstellung des »Theatrum Mundi« einerseits und der spezi-
fischen literarischen Hiobrezeption andererseits überdeutlich hervor.

2. Suchmuster: Epik – Von Oskar Matzerath zu Owen Meany

Nur eine biblische Gestalt übte und übt einen noch nachhaltigeren
Einfluss auf die Weltliteratur aus als Hiob: Jesus, der Mann aus Nazareth.
In seiner 1978 erschienenen Dissertation »Jesus in der deutschsprachigen Gegenwartsliteratur« – inzwischen zum »Klassiker« des theologisch-
literarischen Dialogs avanciert – konnte *Karl-Josef Kuschel* überzeugend
nachweisen, dass Jesus »tatsächlich eine der großen Gestalten ist, die im
Zentrum auch der zeitgenössischen Literatur stehen, die große, manchmal offene, manchmal geheime Bezugsgestalt«[13]. Gerade in den letzten

zwanzig Jahren des 20. Jahrhunderts erlebte die direkte Darstellung Jesu in Romanen eine neue Renaissance. Offensichtlich bleibt der Mann aus Nazareth eine der faszinierendsten Figuren der Menschheitsgeschichte, die auch jenseits individueller Glaubensentscheidungen eine spannende Schreib- und Leseherausforderung verspricht. Nicht um die breite Tradition der direkten Jesusromane aus der jüngsten Zeit[14] soll es aber hier gehen, sondern um eine Traditionslinie indirekter Spiegelungen und Transfiguration.

Einer der Schlüsselromane der deutschsprachigen Literatur des 20. Jahrhunderts ist »Die Blechtrommel« von *Günter Grass* (* 1927). Mit einem – um im Bild zu bleiben – Paukenschlag 1959 auf den Buchmarkt geworfen, hält der internationale Siegeszug dieses Buches bis heute weiter an, fraglos unterstützt durch die kongeniale Verfilmung von Volker Schlöndorff aus dem Jahre 1980, noch einmal nachhaltig bestätigt durch die Verleihung des Literaturnobelpreises an Günter Grass im Jahre 1999. Was für eine Geschichte: die Weigerung eines Dreijährigen, in die Nazizeit hinein aufzuwachsen, das Spiel des Erwachsenwerdens mitzumachen. Stattdessen der Protest des bewusst Kleinwüchsigen gegen die »Normalität«, doppelt geäußert durch glaszersprengendes Schreien und protestierend-dokumentierendes Blechgetrommel. Und das alles erzählt in mehrfacher perspektivischer Brechung und einer bis dahin nicht – und seither selten – gelesenen Sprachkraft voller Fabulierfreude, Bildhaftigkeit und Präzision. Oskar Matzerath, der kleinwüchsige Held, gehört so zu den wenigen »großen« literarischen Figuren des 20. Jahrhunderts.

Beim lohnenswerten Wiederlesen fällt eine Schicht des Romans auf, die zunächst kaum in Erinnerung bleibt: eine bewusst mit religiösen Elementen gestaltete Deutefolie, die dem ganzen Werk unterlegt ist. Das betrifft zum einen die zahlreichen Erinnerungen an Kirchen, Gottesdienste, liturgisch-sakramentale Feiern wie Taufe und Beichte, vor allem aber die immer wieder aufgerufenen Anspielungen auf Jesus. Denn tatsächlich: Oskar Matzerath ist von Grass als satirisch-ironisch-ernsthafte Jesus-Transfiguration ausgestaltet. Wie verblüffend dieser Zug des Romans ist und wie sehr sich eine *relecture* gerade auf diesen Aspekt hin lohnt, sei an zwei gegensätzlichen Einschätzungen dokumentiert. In seiner 1978 erschienenen Jesus-Studie konnte Karl-Josef Kuschel diesen Oskar-Jesus-Passagen nichts Positives abgewinnen. Im Gegenteil, Grass komme hier »über eine polemisch-satirische Verzerrung christlich-kirchlicher Tradition und insbesondere der Jesusfigur nicht hinaus«, so dass diese Jesusdarstellung »zu den schwächsten in der deutschen Literatur nach 1945«[15] gehöre. Wie völlig anders liest sich die Einschätzung nach dem Wiederlesen aus zwanzigjähriger Distanz. In dem 1999 erschienenen Rückblick auf »Jesus im Spiegel der Weltliteratur« schreibt derselbe Autor von einem »genialen Kunstgriff« des Schriftstellers, die Welt durch die Augen des Kleinwüchsigen zu betrachten und dazu in »einer komplexen Gleichnisgeschichte« [16] den Vergleich mit Jesus heranzuziehen.

Wo und wie gestaltet Grass die Anspielungen und Begegnungen mit Jesus? Erste Beobachtung[17]: Bezüge auf Jesus – direkt oder indirekt – durchziehen das ganze Buch. Beim ersten Lesen übersieht man die früheste Anspielung leicht: Denn was berichtet uns der Erzähler Oskar Matzerath über den Tag seiner Geburt: »Die Sonne stand im Zeichen der Jungfrau« (S. 36). Dass er das Ergebnis »normaler«, ja: exzessiver sexueller Betätigung ist, wird nicht verschwiegen. Nur als ironische astrologische Reminiszenz wird hier deshalb angedeutet, dass sein Lebensbeginn dennoch mit der biblisch bezeugten jungfräulichen Geburt Jesu verglichen wird. Dieser Vergleich zieht sich bis zum Schluss durch: Das Ende des Romans schildert uns Oskar als – nicht zufällig – Dreißigjährigen. Zu Unrecht des Mordes an einer Krankenschwester beschuldigt, wird er verhaftet, um in jene Heil- und Pflegeanstalt eingeliefert zu werde, von der aus er seine ganze Geschichte erzählt. Nach seiner Identität bei dieser Verhaftung befragt, antwortet er: »Ich bin Jesus« (S. 490).

Zweite Beobachtung: In drei zentralen Kapiteln wird die den Roman derart einrahmende Gegenüberstellung von Oskar und Jesus breit entfaltet. Das geschieht zunächst im Kapitel »Kein Wunder«, in dem Oskar elfeinhalbjährig zum ersten Mal nach seiner Taufe in eine – katholische – Kirche geht, weil seine Mutter »fromm und lüstern nach Sakramenten« (S. 108) geworden war. Darf man in dem folgenden ironisch gebrochenen Absatz über den sinnlichen Reiz des Katholizismus nicht nur die Stimme des Erzählers Oskar Matzerath, sondern auch die des Autors Günter Grass in dieser vorkonziliaren Epoche heraushören?

> »Ich gebe zu, dass die Fliesen in katholischen Kirchen, dass der Geruch einer katholischen Kirche, dass mich der ganze Katholizismus heute noch unerklärlicherweise wie, nun, wie ein rothaariges Mädchen fesselt, obgleich ich rote Haare umfärben möchte, und der Ka-

tholizismus mir Lästerungen eingibt, die immer wieder verraten, dass ich, wenn auch vergeblich, dennoch unabänderlich katholisch getauft bin.« (S. 111)

»Unabänderlich katholisch« gerade in den »Lästerungen«: so wird nun auch der Vergleich Oskar-Jesus aufgebaut. Er orientiert sich an den Schilderungen von drei bildlichen Jesusdarstellungen in der Kirche. Die erste, eine kitschig-klassische Herz-Jesu-Statue »in bemaltem Gips« (S. 111), stößt Oskar ab, weil ihn die »naiv selbstbewussten, blauen Schwärmeraugen« und der »blühende, immer zum Weinen bereite Kussmund« (S. 111 f.) allzu genau an seinen – doch wohl – leiblichen Vater Jan Bronski erinnern. Der zweite, ein vollplastischer Jesus am Kreuz über dem Hochaltar, scheint ihm allzu muskulös. Bewusst blasphemisch-provokativ schreibt Grass im Namen Matzerath: »Mein süßer Vorturner, nannte ich ihn, Sportler aller Sportler, Sieger im Hängen am Kreuz unter Zurhilfenahme zölliger Nägel« (S. 112). Ziel dieser Blasphemie ist freilich nicht Jesus selbst, sondern der Spott über solcherart konzipierte Jesusdarstellungen.

Entscheidend im Roman ist jedoch die dritte Darstellung der Herz-Jesu-Kirche in Danzig, so wie Grass sie zeichnet: auf dem linken Seitenaltar des linken Kirchenschiffes die lebensgroße Statue von Maria mit dem Jesusknaben auf dem Knie. Oskar ist fasziniert: Dieser Gipsgnom, genau so groß wie er, genau so proportioniert: »Eineiig! Der hätte mein Zwillingsbruder sein können« (S. 112). Die Ähnlichkeit erscheint ihm umso größer, als selbst die Haltung dieses Jesusknaben passt:

»Beide Arme hob mein Abbild, schloss die Hände dergestalt zu Fäusten, dass man getrost etwas hätte hineinstecken können, zum Beispiel meine Trommelstöcke; und hätte der Bildhauer das getan, ihm dazu auf die rosa Oberschenkel meine weißrote Blechtrommel gegipst, wäre ich es gewesen, der perfekteste Oskar, der da auf dem Knie der Jungfrau saß und die Gemeinde zusammen trommelte.« (S. 112 f.)

Kaum überraschend, dass Oskar bei einem späteren Kirchenbesuch seine Vision umsetzt: Er klemmt dem pausbackigen Gips-Jesus Trommel und Trommelstöcke um und wartet auf jenes Wunder, das ihm, dem Kind, die Macht Jesu beweisen soll: »wird er nun trommeln, oder kann er nicht trommeln, oder darf er nicht trommeln, entweder er trommelt, oder er ist kein echter Jesus, eher ist Oskar ein echter Jesus als der, falls er doch nicht trommelt« (S. 115). Nun, das kinderwartete Wunder findet nicht statt, und damit schwindet der Glaube: »Von Glaube konnte wohl kaum mehr die Rede sein« (S. 115). Ist diese Szene bloße spielerische Provokation von Grass, wenn man bedenkt, wofür in diesem Roman das Trommeln steht: für den Protest gegen die Erwachsenenwelt, gegen die Ereignisse der Nazizeit?

Doch damit nicht genug: Jahre später – Oskar ist inzwischen nach Jahren erwachsen, äußerlich jedoch kaum gealtert – betritt Oskar erneut dieselbe Kirche, weil nun Maria – seine, wenn man ihm glauben darf, Geliebte, die zweite Frau des alten Matzerath – ihrerseits fromm geworden ist. Im Kapitel »Die Nachfolge Christi« stellt Oskar Jesus noch einmal auf die Probe, angesichts der Negativerfahrung dieses Mal freilich »nicht blöd auf ein Wunder, wollte vielmehr die Ohnmacht plastisch sehen« (S. 294). Doch unerwartet geschieht nun tatsächlich das zuvor verweigerte Wunder: Der Gips-Jesus trommelt! Und wie! Genauso filigran und erinnerungsbeschwörend wie Oskar! Ja, er nimmt diesem die eigene mahnende Trommleraufgabe geradezu ab. Verblüfft weist dieser ihn in seine Schranken: »Jesus (...) so haben wir nicht gewettet. Sofort gibst du mir meine Trommel wieder. Du hast dein Kreuz, das sollte dir reichen!« (S. 295) Doch Jesus wendet sich Oskar zu, fragt ihn dreimal: »Liebst du mich?« Und dreimal, sich steigernd, weist Oskar ihn barsch zurück: »Nicht das ich wüsste.« »Bedaure, nicht die Spur!« Schließlich: »Ich hasse dich, Bürschchen, dich und deinen ganzen Klimbim!« Dennoch bestimmt ihn dieser Gips-Christus zu seinem petrusartigen Gehilfen: »Du bist Oskar, der Fels, und auf diesem Fels will ich meine Kirche bauen. Folge mir nach!« (S. 295 f.)

Und tatsächlich begibt sich Oskar in die Nachfolge Jesu, »obgleich« – so schränkt er selbst nachträglich ein – »ich an meinen Vorgänger nicht glaubte« (S. 297). Im Kapitel »Die Stäuber« wird berichtet, wie Oskar zum Chef einer kriminellen Jugendbande aufsteigt, die sich den Erwartungen der Nazi-Gesellschaft verweigert. Im Folgekapitel »Das Krippenspiel« werden alle zuvor ausgestalteten Oskar-Jesus-Motive noch einmal aufgegriffen, um einem wilden Höhepunkt entgegenzueilen: einer »Schwarzen Messe«, die Oskar mit seinen »Jüngern« in der Heilig-Geist-Kirche inszeniert. Er lässt die gipserne Jesusfigur von dem bekannten Marienschenkel absägen, setzt sich selbst an seine Statt und zelebriert eine traditionell katholische Messe mit allem Zubehör, in dessen Zentrum nun freilich er, der in die Nachfolge gerufene Zwillingsbruder, steht. Das hier ausgestaltete Motiv »Oskar anstelle von Jesus mit der jungfräulichen Madonna« wird später noch einmal aufgenommen – im Kapitel »Madonna 49« –, als ein Bild beschrieben wird, zu welchem Oskar Modell steht: »Oskar hielt still für Jesus« (S. 391). Als das Spektakel der »Schwarzen Messe« schließlich auffliegt, endet die Szene mit dem Kommentar: »Oskar jedoch wurde einem Prozess entgegengetragen, den ich heute noch den zweiten Prozess Jesu nenne, der mit meinem und so auch mit Jesu Freispruch endete« (S. 315).

Jesus Christus als »der perfekteste Oskar«, was ist von dieser Zeichnung zu halten? Im Anschluss an die einfühlsame Deutung von *Regina Ammicht-Quinn*[18] überzeugt mich der Aufweis von drei Funktionen, welche diese in sich durchaus nicht einheitliche, grundsätzlich satirisch-ironische Charakterisierung übernimmt. Hier geht es nicht um eine ernsthafte Transfigurationsstilisierung, also darum, dass ein heute mögliches jesusähnliches Leben aufgezeigt würde. Vielmehr geht es zunächst um Kirchenkritik: In der Nachzeichnung der gängigen Jesusdarstellungen der Kirchenkunst zeigt sich die Lebensfremdheit und Abstraktheit der kirchlichen Jesusdeutungen. Zum Zweiten geht es um grundsätzliche Religionskritik: Die blasphemischen Elemente stellen die Ideologisierung und Projektionen des Systems Religion bloß. Der dritte Punkt ist aber der wichtigste: Für Oskar wird die Begegnung mit Jesus, werden die divergierenden Stilisierungen als Zwilling Jesu, Ersatz Jesu, Nachfolger Jesu oder Modell Jesu zur Identifikationsmöglichkeit. In der Auseinandersetzung mit Jesus erkennt Oskar sich selbst. Und diese Selbsterkenntnis – in Spiegelung, Bestätigung, Kritik und im Entwurf utopischer Potentiale – ist nirgends sonst möglich als hier!

Grass greift Jesus also völlig jenseits von klassischen christlichen Topoi wie Erlösung oder Reich-Gottes-Botschaft auf. Und doch betreibt er nicht beliebige, bloß provokative Spielerei mit seinen Anspielungen. Vielmehr erweist sich »die völlig säkularisierte Jesusgestalt für den erwachsenen Oskar als die einzige Identifikationsfigur, die Selbsterkenntnis, Selbstkritik und Selbsttranszendierung in einem Zusammenhang von Schuld und Sühne zulässt«[19].

Szenenwechsel: Wir schreiben das Jahr 1953. Zwei nordamerikanische Jungen spielen Baseball. Der unglückliche Schlag des einen trifft die Mutter des anderen an der Schläfe, sie stirbt. Im Nachhinein kommentiert Owen Meany, der unglückliche Verursacher dieses Todes, das Geschehen dem Freund gegenüber:»Gott hat deine Mutter genommen, meine Hände waren das Werkzeug. Gott hat meine Hände genommen, ich bin das Werkzeug Gottes.«[20] – Ein Rätselspruch: Ein amerikanischer Junge als »Werkzeug Gottes«? Überhaupt: Was für ein ungewöhnlicher 850-Seiten-Roman, den uns der 1942 in New Hampshire geborene amerikanische Erfolgsautor *John Irving* 1989 vorlegt:»Owen Meany«, ein Publikums- und Kritikererfolg gleichermaßen.

Ungewöhnlicher noch, wenn man sich vor Augen führt, welche Art der Jesustransfiguration der Schriftsteller hier als grundlegendes Strukturmuster einsetzt. Seine Ich-Erzählerfigur ist jener andere Junge, John Wheelwright genannt, der vorgibt, den Roman 1987 im Rückblick zu schreiben, einen Roman, ständig begleitet von Kommentaren zum Zeitgeschehen und zur Geschichte Nordamerikas der davor liegenden 40 Jahre. Warum aber schreibt Wheelwright diesen Roman? Gleich zu Beginn gibt er uns die Antwort auf diese Frage: Weil Owen Meany »der Grund ist, warum ich an Gott glaube: wegen Owen Meany bin ich Christ geworden« (S. 11), oder an anderer Stelle:»Owen Meany hat mich gerettet« (S. 91). Ja mehr noch: Dieser Owen Meany wird hier zu einer der wichtigsten Christusfiguren der Gegenwartsliteratur. Und ganz außergewöhnlich: Neben der Bibel bezieht sich Irving als Prätext auf Günter Grass' »Blechtrommel«. Owen Meany als Christustransfiguration übernimmt nicht nur die Initialen von Oskar Matzerath, er wird auch immer wieder mit Reminiszenzen an die »Blechtrommel« gezeichnet.

Wer ist dieser ominöse Owen Meany? Schon seine Geburt prädestiniert ihn als etwas Außergewöhnliches. »Er wurde nicht normal geboren«, so sein Vater Mr. Meany im Gespräch mit dem Erzähler, sondern »wie das Jesuskind«. Auch wenn es unglaublich klinge, »Owen war eine jungfräuliche Geburt« (S. 740). Die Jungfrauengeburt: Was Grass nur indirekt parodiert, mutet Irving dem Leser tatsächlich schlicht zu. Dieser Grundzug unterscheidet die beiden Romane: Der Grass'schen spielerischen Parodie und Provokation setzt Irving die realistische, ins Wunderbare übergleitende Erzählung entgegen.

Wie Oskar Matzerath, so entwickelt sich auch Owen Meany anders als andere Gleichaltrige: kleinwüchsig und mit bleibend hoher Stimme, ein hochintelligenter Außenseiter, ständig von anderen geärgert und gehänselt, und doch stets mit der Aura des Besonderen um sich. Kein Zufall, dass gerade ihm die Rolle zukommt, bei einem Weihnachtsspiel die Rolle des Jesuskindes zu übernehmen. Owen als Regisseur und Hauptdarsteller des Krippenspiels: Diese Konstellation erlaubt es, zahlreiche parodistische Jesus-Zitate in den Mund Meanys zu legen, um die wachsende Parallelität immer deutlicher zu zeigen. Er sei »noch nie einem Jesuskind begegnet, das sich so trefflich für die Rolle eignete« (S. 236), so mit Hochachtung, ja »Ehrfurcht« ein Priester. Und schon hier mischen sich Spielrolle und Lebensrolle. Immer mehr wähnt sich Owen Meany selbst als ein zweiter Christus. Er eignet sich Bibelsprüche an und bezieht sie auf seine eigene Lebenssituation.

Dass er etwas Besonderes, ja Außergewöhnliches sei, anerkennen alle Menschen um ihn. Nein, nicht »für einen zweiten Christus« hielt ihn ein mit ihm gut bekannter Pfarrer, wohl aber erkennt er, »dass Gott seinem Leben eine Bedeutung zugedacht hatte. Gott hatte Owen auserwählt« (746 f.). Auserwählt wozu? Owen selbst weiß es nicht, auch wenn er zahllose Visionen, vorausahnende Träume und Zeichen von Vorauswissen hat. Er habe eine Aufgabe, und diese Aufgabe sei mit seinem sicherem und notwendigen Tod verbunden:

> »Ich weiß drei Dinge. Ich weiß, dass sich meine Stimme nicht verändern wird, und ich weiß, wann ich sterben werde. Ich wünschte, ich wüsste, warum sich meine Stimme nicht verändern wird, ich wünschte, ich wüsste, wie ich sterben werde; doch Gott hat es mir gegeben, mehr zu wissen als die meisten Menschen – also will ich mich nicht beklagen. Das Dritte, was ich weiß, ist, dass ich das Werkzeug Gottes bin; ich bin davon überzeugt, dass Gott mich wissen lassen wird, was ich zu tun habe, und wann ich es zu tun habe.« (S. 511)

Die »Aufgabe« nimmt immer klarere Konturen an, ohne sich jedoch jemals ganz zu klären: »Ich rette viele Kinder«, so erklärt er dem Freund eine Traumvision, »es sind ganz sicher vietnamesische Kinder, und ich rette sie« (S. 655). Der Leser wird in dieses Vorauswissen und in die Spannung der bleibenden Rätselhaftigkeit hineingenommen. Wie bei einem Kriminalroman steigt die ungewisse Erwartung auf die Auflösung des rätselhaften Schicksals dieses Jungen. So begleiten wir ihn durch sein Schul- und Collegeleben, bezeugen sein Interesse für religiöse Fragen, für das Schicksal Jesu, für Jesusfilme und Jesusromane – geschickt baut Irving hier zahlreiche Spiegelungen auf der Metaebene ein. Immer wieder wird sein Schicksal durch Parallelverweise auf Jesu Weg geprägt. Owen Meany also auserwählt als Gottes Werkzeug – wozu? Die Hände, mit denen er unglücklich die Mutter des Freundes tötete, als ausführende und zu opfernde Organe des Willens Gottes – wie das? Das im Traum vorhergesehene Todesdatum, der 8. Juli 1968, verbunden mit einer Tat, die vietnamesische Kinder rettet – wie soll es dazu kommen, da er doch nicht, wie von ihm gewünscht, in den Vietnamkrieg ziehen darf? Der Freund Wheelwright, dem nur die Rolle als treuer Josef bleibt (»Josef, dieser glücklose Mitläufer, der Statist, das fünfte Rad am Wagen«, S. 230), verbunden mit der Rettungsvision – aber wie verbunden, warum notwendig?

Das Schlusskapitel bindet die Spannungsfäden zusammen, um sie gleich wieder aufzulösen. Der vorhergeahnte Todestag ist gekommen, Owen und der Freund Wheelwright sind beim Militär auf einem amerikanischen Luftwaffenstützpunkt in Phoenix, Arizona. Einige Nonnen begleiten einen Flug aus Vietnam in die USA, um Waisenkinder in ihre neue und sichere Heimat zu vermitteln. Die beiden Freunde führen die Gruppe in den Waschraum, wo sich die Kinder ein wenig frisch machen können, als plötzlich Dick Jarvits, ein Lebensfeind Owen Meanys, den Raum betritt, eine Granate in der Hand, mit dem Ziel, den Feind und die ihm verhassten Kinder zu töten. Dies ist der lang erwartete Moment. Panik bricht unter den Kindern aus, doch Owen, der Soldat mit der hohen Kinderstimme, kann sie beruhigen: »Es lag nicht nur daran, dass er ihre Sprache sprach; es war seine Stimme, die sie zum Hinhören zwang – es war eine Stimme wie *ihre*.« – »Jetzt ist mir klar, warum sich meine Stimme nicht verändert hat« (S. 846), so Owen zu seinem Freund.

Und dann geht alles blitzschnell: Jarvits zündet die Bombe und wirft sie auf Wheelwright, doch in Bruchteilen von Sekunden haben die Freunde die Situation erkannt. Wie besessen hatten sie jahrelang als begeisterte Basketballspieler eine spezielle Spielszene geübt: Wheelwright spielt den Ball zu Meany, dem kleinwüchsigen Leichtgewicht, dieser springt an Wheelwright hoch, wird von ihm zum Korb gehoben und bringt den Ball als Dunking ins Ziel. Geübt, verbessert, auf Sekundenschnelle trainiert – tausendmal. Dieses Mal freilich handelt es sich nicht um einen Basketball, dieses Mal ist es eine todbringende Handgranate.

Von Wheelwright aufgefangen im Flug, weitergereicht an Meany, hochgesprungen, auf Korbhöhe gehoben, hinter dem Fenstersims verstaut, ja zur Sicherheit noch festgehalten, auf dass sie nicht in letzter Sekunde doch noch zurückfällt in den menschengefüllten Waschraum – und dort explodiert sie. So werden die Kinder und ihre Begleiter gerettet, Owen Meany aber hat sich für sie geopfert, wie er es vorausgeahnt hatte:»Beide Unterarme waren weg, direkt unter dem Ellbogen abgerissen« (S. 849), so stirbt er noch an der Unglücksstelle.

Wheelwright, der diese Geschichte erzählt, beendet seine Schilderung mit einem Gebet für Owen Meany, der ihm den Glauben an Gott zurückgegeben hat. Rätselhaft, aber für ihn unbezweifelbar.»Wenn Gott bei dem, was Owen ›wusste‹, die Finger im Spiel hatte, welch schreckliche Frage würde *das* aufwerfen? Denn wie konnte Gott dann alles mit Owen Meany geschehen lassen?« (S. 790) Schon früh hatte Meany selbst im Streitgespräch über Jesus behauptet, dieser»hätte durchaus ein bisschen mehr Glück gebrauchen können«, schließlich sei er»benutzt« (S. 299) worden. Jesus und Owen als Werkzeuge, ja Opfer Gottes? War Owen Meany – im Nachhinein von Wheelwright reflektiert – überhaupt»wirklich ein menschliches Wesen« (S. 104) gewesen? Oder ein Gotteszeuge, gesandt, um den Glauben zu stärken?

Ein seltsamer Roman, der vor allem als Zeitroman konzipiert ist, als Revue der Geschichte Amerikas seit 1945, als religiöser Reflexionsroman, in dem Kirche, Theologie, Bibel und Literatur selbst diskutiert werden, in dem die Hauptfiguren dem Lebensgefühl ihrer Zeit Profil und Plastizität geben, in dem der amerikanische Alltag geschildert wird. Und ein seltsamer Protagonist, dieser Owen Meany! Alles andere als eine sympathische Vertreterfigur Jesu oder Identifikationsgestalt für Leser: ein zeitgenössischer amerikanischer junger Mann, rätselhaft, prädestiniert zu einem Rettungsschicksal, verwirrt von Hinweisen auf eine besondere Bestimmung, immer wieder mit Jesus verglichen, den er im Krippenspiel darstellt, dessen Schicksal seinem eigenen Lebenslauf als parallele Spiegelfolie und als Deutungsmuster zu Grunde liegt. Die Romane von Grass und Irving belegen beispielhaft, dass die literarische Auseinandersetzung mit Jesus ein spannendes Unternehmen bleibt, gerade wenn man eben nicht auf der Suche nach dem historischen Jesus ist, vielmehr einen Roman über die konkrete Gegenwart konzipiert und mit der biblischen Deutefolie unterlegt.

3. Suchmuster: Lyrik – Vom Gotteslob zur Sprachlosigkeit

Im Jahre 1751 verfasst *Friedrich Gottlieb Klopstock* (1724–1803) im Rahmen seiner Arbeit an dem biblischen Riesenepos »Der Messias« die Ode »Dem Erlöser«[21], die erst 1771 veröffentlicht werden sollte. Die sechzehnstrophige Ode ist ein Ausdruck tiefster Erlösungssehnsucht, verbunden mit dem demütigen Eingeständnis, als Mensch vor Gott letztlich nichtig zu sein. Trotzdem gipfelt sie in dem Bewusstsein, zum religiösen Dichter berufen zu sein. Doch steht es dem Menschen überhaupt zu, Gott zu besingen, zu dichten, zu loben? Mit dieser Frage setzt die folgende erste Strophe der Ode ein:

>»Der Seraph stammelt, und die Unendlichkeit
>Bebt durch den Umkreis ihrer Gefilde nach
>   Dein hohes Lob, o Sohn! wer bin ich
>   Dass ich mich auch in den Jubel dränge?«

Gotteslob, wem also kommt es zu? Allein den Seraphim, laut Jes 6,2–4 sechsflügelige himmlische Engelswesen, die sich zurufen:»Heilig, heilig, heilig ist der Herr der Heere. Von seiner Herrlichkeit ist die ganze Erde erfüllt«? Doch selbst ihr Gotteslob ist laut Klopstock nur Gestammel, das dennoch in der ganzen Unendlichkeit des Kosmos seinen Widerhall findet. Und da soll der Mensch, nur »von Staube Staub« – so die ersten Worte der zweiten Strophe – sich auch in das jubelnde Gotteslob hineindrängen? Bleibt ihm nicht eher das demütige Schweigen? Mit der ganzen Monumentaldichtung des »Messias« widerspricht Klopstock dieser eben nur rhetorischen Frage, die er an den Beginn seiner Ode stellt. Auch wenn der Mensch nur Staubwesen ist, hat der Dichter nicht nur das Recht, sondern die Pflicht, Gottes Lob in Versen zu singen. Mit der Bitte um das rechte – gott- und menschgemäße – Wort der ewigen Wahrheit und Hoheit endet denn auch diese Ode. Die zwei letzten Strophen lauten:

>»Zeig mir die Laufbahn, wo an dem fernen Ziel
>Die Palme wehet! Meinen erhabensten
>   Gedanken lehr ihn Hoheit! Führ ihm
>   Wahrheiten zu, die es ewig bleiben!

G. LANGENHORST

Dass ich den Nachhall derer, die's ewig sind,
Den Menschen singe! Dass mein geweihter Arm
Vom Altar Gottes Flammen nehme!
Flammen ins Herz der Erlösten ströme!«

Von derartigem Gotteslob, von der erfühlten und erflehten Beauftragung zum christlichen Dichter ist die Lyrik der Gegenwart[22] weit entfernt. *Reinhold Schneider* oder *Jochen Klepper* können als die letzten großen Repräsentanten eines derartigen Dichtungsverständnisses im 20. Jahrhundert gelten. Der Bruch eines solchen Selbstbildes als Dichter lässt sich im Werk von *Marie Luise Kaschnitz* (1901–1974) ideal nachzeichnen, vor allem auch deshalb, weil sie sich direkt mit der kurz betrachteten Ode von Klopstock auseinander setzt und sich gegen das dortige Verständnis abhebt. Wie nur wenige andere Schriftsteller neben ihr hat sie immer wieder über Grenzen und Möglichkeiten des Be-Schreibbaren und ihre Rolle als Schriftstellerin nachgedacht. In ihrer Sammlung kleiner Prosatexte »Steht noch dahin« aus dem Jahre 1970 findet sich etwa eine kurze Reflexion über das »Vorlesen«[23], in der sie ihre Erfahrung von Lesereisen schildert:

»Ich lese aus meinem grünen Heft (italienisches Schulheft, Nepal, mit Landkarte und farbiger Marktszene) einiges vor und werde sogleich mit Vorwürfen überhäuft. Als wenn das Leben aus lauter so hässlichen Dingen bestünde, das ist ja nicht auszuhalten, und gerade von Ihnen, die einmal geschrieben hat, wenigstens zwischen den Zeilen war da etwas, ein wenig Menschenliebe, Gottesliebe, und gibt es nicht vielleicht auch jetzt noch Liebe in der Welt? Gibt es nicht noch immer Schönheit und Tapferkeit und Selbstüberwindung, wann werden Sie endlich von solchen Dingen sprechen, und ich antworte, bald, bald. Es gibt nur noch ein paar Kleinigkeiten zu bemerken, ein paar Unvollkommenheiten, Ungereimtheiten aufzudecken. Ein paar Angstträume zu erzählen. Danach werde ich von ganz anderen Sachen sprechen. Von den Pirouetten der Eisläuferin vielleicht.«

Der Text lohnt einer näheren Betrachtung: Was erwarten Leser von ihr? Offensichtlich Positives, Aufbauendes, Tröstendes, denn das ist man von ihr gewohnt. Lebenserinnerungen[24] etwa, wie ihre berühmte Episode des Kindes, das auf dem Eis seine Kreise zieht, festgehalten in der frühen autobiographischen Erzählung »Das dicke Kind«[25] – darauf spielt das Ende dieses kurzen Textes an. Schlicht: Schöne und tröstende Literatur zu schreiben, mit dieser Forderung sieht sie sich konfrontiert. Doch gerade das weist sie zurück. Nicht, weil sie das nicht könnte, sondern weil es ihrem eigenen literarischen Selbstverständnis zuwiderläuft. »Unvollkommenheiten« und »Ungereimtheiten«, davon muss bei ihr die Rede sein. In »Wohin denn ich«, Aufzeichnungen aus dem Jahre 1963, schreibt sie bereits ausdrücklich von der Notwendigkeit, »den trostsüchtigen Leser in seine Schranken« zu weisen, ihm »seinen alten Wunsch nach Erhebung und Erlösung austreiben, ihn im düsteren Gegenbild der Poesie diese selbst erkennen lassen«[26]. Trost, religiöse Erhebung und Erlösung können nicht Anspruch ihrer Dichtung sein.

In ihren 1973 erschienenen Aufzeichnungen »Orte« präzisiert Kaschnitz diese Position noch einmal. »Herausgefallen aus der Unschuld«, heißt es dort über die Dichter unserer Zeit, um nachzufragen: »Wann eigentlich, wo eigentlich, und wie war das, als wir noch Verse machen konnten (...) und können es vielleicht noch immer, aber glauben nicht mehr an die Heilung durch das Wort, die Heilung durch den Geist«[27]. Wann dieser Glaube an die Heilung durch das Wort verloren ging, lässt sich zumindest in ihrem Werk durchaus nachzeichnen[28]. Erst als knapp 50-Jährige beginnt sie in den späten vierziger Jahren die Erfahrung von Krieg, Zerstörung, Völkervernichtung und Chaos ernst zu nehmen. Auf einer Lesung in der Evangelischen Akademie Tutzing stellt sie 1951 erstmals Verse vor, die weitergeschrieben und endgültig zusammengestellt 1957 als »Tutzinger Gedichtkreis«[29] veröffentlicht werden. Der Zyklus, sogleich mit Verstörung, Protest und dem oben bezeugten Gegenruf nach »schöner Literatur« aufgenommen, beginnt mit den programmatischen Versen:

»Zu reden begann ich mit dem Unsichtbaren.
Anschlug meine Zunge das ungeheuere Du,
Vorspiegelnd altgewesene Vertrautheit.
Aber wen sprach ich an? Wessen Ohr
Versuchte ich zu erreichen? Wessen Brust
Zu rühren?«

G. LANGENHORST

Das vertraute Gespräch mit Gott gerät in eine Krise. Das bislang als sicher geglaubte Gegenüber wird zur Frage. Angesichts der Erfahrungen, Erlebnisse und Bezeugungen ist das alte Gottesbild zerstört, ein neues aber noch nicht in Sicht. Was heißt dies aber für eine Dichterin, die über Gott, über Heil, über Trost[30] reden und schreiben will?

>Die Sprache, die einmal ausschwang, Dich zu loben
Zieht sich zusammen, singt nicht mehr,
In unserem Essigmund.<

Gotteslob à la Klopstock ist unmöglich geworden angesichts der bitteren Erfahrungen, der Mund selbst ist buchstäblich zusammengezogen im Prozess des Verschweigens. Von dem hier deutlich werdenden verlorenen Glauben an die Trostmächtigkeit der Sprache und die Heilung durch das Wort, von diesem Verzicht auf die aufbauende Aussage der Dichtung handelt eines von Kaschnitz' Schlüsselgedichten, das ihr schriftstellerisches Programm noch einmal deutlich werden lässt. >Nicht gesagt<[31] wurde zuerst in ihrer Gedichtsammlung >Ein Wort weiter< von 1965 veröffentlicht:

>Nicht gesagt
Was von der Sonne zu sagen gewesen wäre
Und vom Blitz nicht das einzig richtige
Geschweige denn von der Liebe.

Versuche. Gesuche. Misslungen
Ungenaue Beschreibung

Weggelassen das Morgenrot
Nicht gesprochen vom Sämann
Und nur am Rande vermerkt
Den Hahnenfuß und das Veilchen.

Euch nicht den Rücken gestärkt
Mit ewiger Seligkeit
Den Verfall nicht geleugnet
Und nicht die Verzweiflung

Den Teufel nicht an die Wand
Weil ich nicht an ihn glaube
Gott nicht gelobt
Aber wer bin ich dass«

In diesem Gedicht wird die Absage an die klassische Lyrikkonzeption in Form und Inhalt deutlich. Kaschnitz lässt von vornherein erst gar nicht den Eindruck entstehen, in ihrer Sprache und mit ihren Gedichten Wirklichkeit fassen, formen und festhalten zu können, im Gegenteil: Sie reflektiert darüber, was sie – immerhin eine der größten deutschsprachigen Lyrikerinnen des 20. Jahrhunderts – alles in ihren Dichtungen gerade *nicht* gesagt oder zumindest nicht gelungen in Sprache gekleidet hat. Naturerscheinungen habe sie nicht benannt: weder Sonne noch Blitz, weder Morgenrot noch Blumen. Und nicht einmal mit der literarischen Behandlung der Liebe – einem ihrer zentralen Themen – kann sie sich zufrieden geben. All das sind, so die zweite Strophe, lediglich im Grunde misslungene, ungenau bleibende »Versuche«. All diese klassischen Themen der Lyrik – durch repräsentative Topoi wie »Veilchen« oder »Morgenrot« aufgerufen – weist sie hier zurück.

Die beiden letzten Strophen des Gedichts weiten den Horizont auf einen dritten Bereich klassischer Literatur: die religiöse Dimension. Was freilich von der schriftstellerischen Versprachlichung von Naturphänomenen und der Liebe galt, gilt gerade auch hier, beschrieben in immer neuen Anläufen, Gegenläufen und Zurücknahmen. Nein, auch den Trost der »ewigen Seligkeit« konnte sie, die sehr wohl religiös bekennende evangelische Christin, mit ihren Werken nicht geben. Nein, »Verfall« und »Verzweiflung« waren für sie zu augenfällig, um übersehen zu werden. Gerade dies waren die Themen, zu denen sie eben nicht schweigen konnte, über die sie schreiben musste, die zu benennen waren. Denn auch die im Anschluss an diese Erkenntnis durchaus denkbare Wende hat sie nicht mitgemacht: Keine Hinwendung zu Resignation, kein Verfall in Zynismus, sie hat – heißt es im Gedicht – auch den »Teufel nicht an die Wand« gemalt. Einerseits deshalb, weil sie schlicht nicht an ihn glaubt. Sicherlich andererseits aber auch, um nicht – wie es das als Prätext aufgerufene Sprichwort »den Teufel nicht an die Wand malen« nahe legt – unangemessen und übertrieben eine falsche Drohbotschaft zu verkünden, die in ihrer Pauschalität von den tatsächlichen Ursachen ablenkt. »Weil ich nicht an ihn glaube« – diese Zeile lässt sich prinzipiell auf die vorangehende oder auf die folgende Zeile beziehen, der Text selbst löst dies in seiner Binnenperspektive bewusst nicht auf. Aus der Biographie der Dichterin heraus legt sich aber zwingend die von mir hier ausgeführte Zuordnung nahe. Dann also liest sich die Schluss-Strophe wie folgt: Nicht den Teufel beschworen, aber eben auch nicht – und hiermit schließt das Gedicht – in Zuversicht und als Trost »Gott gelobt«. All das Aufgezählte, vor allem aber das mit Grund zum Schluss Genannte steht ihr nicht zu, bleibt »nicht gesagt«.

Konsequenterweise endet denn auch die Schlusszeile mitten im Sprachversuch: »Aber wer bin ich dass« ... Prätext dieses Gedichtschlusses ist eindeutig die Ode von Klopstock[32], deren erste Strophe ja noch die Scheinfrage stellen konnte: »*wer bin ich/Dass* ich mich auch in den Jubel dränge?« Gotteslob steht ihr nicht zu, nicht einmal das Aussprechen der Frage ist ihr mehr möglich. Im Abbruch des Verses wird zudem die Zielrichtung der Klopstock'schen Ode, die Bestätigung des Auftrags als christlicher Lobdichter, zurückgewiesen. Marie Luise Kaschnitz kann sich zurücknehmen, kann die weitergehende Erwartung, positiv von Gott zu reden, zurückweisen und lässt folgerichtig ihr poetologisches Reflexionsgedicht im offenen Schluss enden. Damit steht sie repräsentativ für die zeitgenössische Lyrik, in der man nach direkten Spuren von Gottesrede oder religiösen Aussagen weitgehend vergebens sucht. Indirekte Spuren finden sich jedoch sowohl bei jüdischen Autoren wie *Nelly Sachs* oder *Paul Celan* in großer Zahl, genauso bei Lyrikern mit christlichem Hintergrund wie *Ingeborg Bachmann, Hans Magnus Enzensberger* oder *Peter Huchel*.

4. Ausblick

Vom Buch Hiob zu Goethes »Faust« im Rahmen der Idee des Welttheaters, von der Grass'schen »Blechtrommel« zu Irvings »Owen Meany« im gemeinsamen epischen Rückgriff auf Jesus, von Klopstock zu Kaschnitz in der Frage nach der Möglichkeit, Gott in lyrischer Sprache zu loben – drei Suchmuster im Bereich der Literatur, in denen deutlich wird, dass das christliche Erbe unserer Kultur gerade hier bleibend wichtige Spuren einprägt. Gewiss ist die Literatur des beginnenden dritten Jahrtausends keine christliche Literatur mehr, so wenig wie die gesamte westliche Kultur eine christliche Kultur ist. Gewiss ist die literarische Auseinandersetzung mit christlichen Prägespuren alles andere als gläubige Bestätigung der kirchlichen Tradition. Der Blick auf die Literatur belegt jedoch ein Doppeltes: Einerseits ist ein Verständnis der Geistesgeschichte ohne Kenntnisse der christlichen Tradition unmöglich. Andererseits bleibt diese christliche Tradition aber – in Bestätigung, Anspielung, Absetzung, Fortschreibung, Umdeutung – eine kulturell produktive Kraft.

1   Karl-Josef Kuschel, Literatur und Religion, in: Wörterbuch des Christentums, hrsg. von Volker Drehsen u. a., Düsseldorf/Gütersloh 1988, S. 733.

2   Vgl. dazu etwa: Georg Langenhorst, Wie von Gott reden? Schriftsteller als Sprachlehrer für Theologen und Religionspädagogen, in: Religion an Höheren Schulen 40, 1997, S. 394–403.

3   Vgl. dazu: Tokuji Tokuzawa, Der Prolog im Himmel in Goethes Faust, in: Ansichten zu Faust, hrsg. von Günther Mahal, Stuttgart 1973, S. 35–48.

4   Kanzler Friedrich von Müller, Unterhaltungen mit Goethe, hrsg. von Renate Grumach, München 1982, S. 137.

5   Johann Peter Eckermann, Gespräche mit Goethe in den letzten Jahren seines Lebens, hrsg. von H. H. Houben, Wiesbaden 1959, S. 107.

6   Johann Wolfgang von Goethe, Werke. Homburger Ausgabe in 14 Bänden, Bd. 3: Dramatische Dichtungen I, München 1982, S. 17.

7   Vgl. dazu: Theatrum Mundi. Götter, Gott und Spielleiter im Drama von der Antike bis zur Gegenwart, hrsg. von Franz Link/Günter Niggl, Berlin 1981.

8   Vgl. die Einträge vom 05.09.1777; 29.05.1812; 03.09.1816; 01.01.1825.

9   Vgl. Goethes Werke. Neuauflage der 143 Originalbände der Sophienausgabe, hrsg. im Auftrag der Großherzogin Sophie von Sachsen, Weimar 1999, II. Abt., 6. Bd., 1. Teil : »Siehe er geht vor mir über/ehe ich's gewahr werde,/und verwandelt sich/ehe ich's merke./ Hiob«.

10 Dichtung und Wahrheit, in: Goethes Werke, a. a. O., I. Abt., 27. Bd., 2. Teil, 6. Buch, S. 11 f.

11 Zahme Xenien, in: Goethes Werke, a. a. O., I. Abt., 3. Bd., S. 242.

12 Siehe dazu: Georg Langenhorst, Hiob unser Zeitgenosse. Die literarische Hiob-Rezeption im 20. Jahrhundert als theologische Herausforderung (Theologie und Literatur), Mainz [2]1995.

13 Karl-Josef Kuschel, Bilanz neun Jahre später, in: ders., Jesus in der deutschsprachigen Gegenwartsliteratur ([1]1978), München/Zürich 1987, S. 387.

14 Vgl. dazu: Georg Langenhorst, Jesus ging nach Hollywood. Zur Wiederentdeckung Jesu in Literatur und Film der Gegenwart, Düsseldorf 1998.

G. LANGENHORST

15 Karl-Josef Kuschel, Jesus in der deutschsprachigen Gegenwartsliteratur, a. a. O., S. 203 f.

16 Karl-Josef Kuschel, Jesus im Spiegel der Weltliteratur. Eine Jahrhundertbilanz in Texten und Einführungen, Düsseldorf 1999, S. 185 f.

17 Ich zitiere nach: Günter Grass, Die Blechtrommel. Roman, Darmstadt [1]1959 (1974).

18 Regina Ammicht-Quinn, Von Lissabon bis Auschwitz. Zum Paradigmenwechsel in der Theodizeefrage, Freiburg/Basel/Wien 1992.

19 Ebd., S. 166.

20 John Irving, Owen Meany. Roman, Zürich [1]1989 (1992), S. 129. Die Reden Meanys sind im Roman stets in Großbuchstaben wiedergegeben, um dessen Besonderheit herauszustellen. Diese Drucktechnik wurde hier aus Gründen der Übersichtlichkeit nicht übernommen.

21 Friedrich Gottlieb Klopstock, Ausgewählte Werke, hrsg. von Karl August Schleiden, München 1969, S. 59–61.

22 Vgl. Georg Langenhorst, Gedichte zur Bibel. Texte – Interpretation – Methoden. Ein Werkbuch für Schule und Gemeinde, Düsseldorf 2001.

23 Marie Luise Kaschnitz, Vorlesen, in: dies., Gesammelte Werke, hrsg. von Christian Büttrich/Norbert Miller, Bd. 3: Die autobiographische Prosa II, © Insel Verlag, Frankfurt 1982, S. 381.

24 Zu Leben und Werk vgl.: Dagmar von Gersdorff, Marie Luise Kaschnitz. Eine Biographie, Frankfurt/Leipzig 1992 (1994). Eine theologische Deutung des Werkes liegt vor von: Ulrike Suhr, Poesie als Sprache des Glaubens. Eine theologische Untersuchung des literarischen Werkes von Marie Luise Kaschnitz, Stuttgart/Berlin/Köln 1992.

25 Marie Luise Kaschnitz, Das dicke Kind, [1]1952, in: Gesammelte Werke, Bd. 4: Die Erzählungen, Frankfurt 1983, S. 58–66.

26 Marie Luise Kaschnitz, Wohin denn ich, [1]1963, in: Gesammelte Werke, Bd. 2: Die autobiographische Prosa I, Frankfurt 1981, S. 390.

27 Marie Luise Kaschnitz, Orte, [1]1973, in: Gesammelte Werke, Bd. 2, a. a. O., S. 573.

28 Vgl. dazu: Karl-Josef Kuschel, Weder gläubig noch glaubenslos, in: ders., Im Spiegel der Dichter. Mensch, Gott und Jesus in der Literatur des 20. Jahrhunderts, Düsseldorf 1997 (2000), S. 207–227.

29 Marie Luise Kaschnitz, Gesammelte Werke, Bd. 5: Die Gedichte, Frankfurt 1985, S. 245–254.

30 Vgl. Georg Langenhorst, Trösten lernen? Profil, Geschichte und Praxis vom Trost als diakonischer Lehr- und Lernprozess, Ostfildern 2000.

31 Marie Luise Kaschnitz, Nicht gesagt, in: Überallnie. Ausgewählte Gedichte 1928–1965, © Claassen Verlag 1965.

32 Vgl. den Hinweis bei: Cornelius Hell, Der christliche Gott, in: Die Bibel in der deutschsprachigen Literatur des 20. Jahrhunderts, hrsg. von Heinrich Schmidinger, Bd. 2: Personen und Figuren, Mainz 1999 ([2]2000), S. 303–325, hier S. 321.

Christentum und Recht

AXEL FREIHERR VON CAMPENHAUSEN

Die Welt des Rechts ist vom Christentum in mehrfacher Hinsicht geprägt, indem die christliche Religion die Welt des Staates und der Politik prinzipiell verändert, nach und nach aber auch Institutionen des Rechts im Einzelnen in einer spezifischen Entwicklung durchdrungen hat. Im Folgenden wird zuerst das Verhältnis von Staat und Kirche als eine Besonderheit der christlich geprägten Welt behandelt. Danach wird der Einfluss des Christentums auf die moderne Staatswelt erörtert. Schließlich wird die Beeinflussung des geltenden Rechts durch das christliche kanonische Recht skizziert.

1. Das Ende der Antike durch die Unterscheidung von Kirche und Staat

Die antike Welt war von der Einheit von Staat und Religion bestimmt. Die Vielzahl der Staatskulte wurde vom römischen Weltreich und seinen capitolinischen Göttern zwar überdeckt, aber nicht aufgehoben. Mit dem Aufkommen der christlichen Kirche trat aber der Gott des Alten und des Neuen Testaments auf den Plan, dessen Anspruch nicht mehr (wie die Ansprüche der vielen Götter bei Griechen und Römern und auch des Gottes der Juden) auf ein bestimmtes Land, eine bestimmte Stadt oder ein Volk beschränkt ist und der »Götter« in der Nachbarschaft nicht erträgt. Er ist der Schöpfer der Welt, sie ist »Werk seiner Hände« (Ps 19,2) und Quell aller Werte. Dementsprechend richtet sich sein Gehorsamsanspruch wie seine Verheißung an die Menschheit als Ganzes.

Mit dem universalen Anspruch des Christentums endet die antike Einheit von Staat und Religion[1]. Die theologische Verklärung der bestehenden Staats- und Gesellschaftsformen hört auf. Gott ist jenseits der politischen Welt, die ihrerseits entgöttert wird. Deshalb verweigerten die Christen (wie vorher schon die Juden) den lokalen Göttern der römischen

Kaiser die im Opfer zum Ausdruck kommende Anerkennung und wurden dafür verfolgt. Sie gehorchten der biblischen Weisung »Man muss Gott mehr gehorchen als den Menschen« (Apg 5,29) und nahmen grausame Martyrien auf sich. Dabei beherzigten sie zugleich Jesu Wort: »Mein Reich ist nicht von dieser Welt« (Joh 18,36).

Die Christen lebten also selbstverständlich in der Welt und wirkten in den Geschäften und Aufgaben des Alltags in Stadt und Land mit. Aber neben die antike Civitas tritt für sie als neuer Lebensmittelpunkt die christliche Gemeinde. Hier versammelten sie sich zum Gottesdienst. Hier wurden die Christen für das Leben in der Welt zugerüstet mit der Folge, dass die Rechtsordnung sich bestimmten Fragen ausgesetzt sah. Die politische Welt, die Polis, das römische Kaiserreich hörten auf, die letzte leitende und Sinn gebende Instanz zu sein. Dies ist der Bruch mit der Antike.

Im Unterschied zur Antike bestimmt das Politische den Daseinssinn des Menschen für Christen nicht mehr rundum. Der Staat, die politische Welt und damit auch das Recht werden eine vorletzte Ordnung. Das heidnische Altertum hatte für den Willen des Menschen grundsätzlich keine höhere Richtschnur als das Gesetz des Staates anerkannt. Das Christentum dagegen lehrte, dass es etwas gebe, was über dem Staat steht, das sei Gottes Gebot, etwas außerhalb des Staates, das war die christliche Gemeinde, etwas jenseits des Rechts, das war das menschliche Gewissen. Für die antike Welt war der Gedanke an eine vom Staat unabhängige religiöse Institution undenkbar. Das heidnische Altertum kannte auch keine rechtliche Schranke, vor welcher die Gewalt des Staates stillzustehen hätte. Das Recht des Staates war grundsätzlich schrankenlos.

Ein weltberühmtes historisches Ereignis kann als Beispiel für diesen grundlegenden Wandel dienen: die vom Kaiser Theodosius abgeforderte und von ihm erbrachte Kirchenbuße im Jahr 390. Um einen Krawall im fernen Thessaloniki zu rächen, hatte Kaiser Theodosius ein Blutbad unter unschuldigen Bürgern angerichtet. Mehrere Tausend waren ins Theater gelockt und dort abgeschlachtet worden. Das Blutbad rief selbst in jener an barbarische Strafen gewohnten Zeit Entsetzen hervor. Der Hauptstadtbischof Ambrosius (339–397) in Mailand drohte dem Kaiser mit der Exkommunikation. Daraufhin tat dieser öffentlich Buße und bekannte vor versammelter Gemeinde seine Schuld.

Hier wurde vor aller Welt deutlich, dass die staatliche Gewalt nicht selbstherrlich und verantwortungsfrei auftreten darf und das staatliche Recht nicht ohne Schranken ist. Im Gegenteil sind beide den Forderungen der Gerechtigkeit unterworfen. Auch der Kaiser muss sich verantworten, und er steht insoweit nicht über der Kirche, sondern, sofern er Christ ist, in ihr.

In diesem historischen Ereignis lässt sich etwas Bleibendes erkennen: Mit dem Christentum tritt in einer vorher unbekannten Weise die Verantwortung des Menschen in der Welt des Rechts und der Politik hervor. Politisches Handeln macht rechenschaftspflichtig vor Gott, vor dem eigenen Gewissen und heute als Ergebnis einer christlich geprägten Geschichte des Staates auch vor den Organen des freiheitlichen Rechtsstaats.

Das Nebeneinander von Staat und Kirche, allgemeiner von Staat und Religionsgemeinschaften, ist den modernen Menschen so selbstverständlich, dass kaum zu Bewusstsein kommt, dass diese Unterscheidung eine Besonderheit der durch das Christentum geprägten Welt ist. Die muslimische und die ostasiatische Welt kennen dies bis heute nicht, es sei denn als Erbstück aus der Kolonialzeit und der Epoche des übermächtigen abendländischen Einflusses. Das Verhältnis von Staat und Kirche im Sinne eines rechtlich geordneten Gegenübers von weltlichem Gemeinwesen und rechtlich selbstständigen Religionsverbänden ist eine Hervorbringung des Christentums.

In der gesamten vorchristlichen Kulturwelt gehören Staat und Religion unlösbar zusammen. Das gilt nicht nur für den naiven Glauben, sondern weithin auch für die philosophische Reflexion. Die Selbstverständlichkeit dieses Zusammenklangs ist erst durch das Christentum in Frage gestellt worden. Auch die scheinbare Toleranz des römischen Staates bildete keine Ausnahme und war auch nicht Ausdruck einer Trennung von Religion und Staat. Dass die Religionen in den unterworfenen Gebieten unbehelligt blieben, beruhte vielmehr auf dem Umstand, dass die Volksreligionen, auf die Volksangehörigen beschränkt, keine universale Geltung beanspruchten und die römische Staatsreligion folglich nicht bedrohten. Zudem schlossen die polytheistischen Kulte Kumulation und Verbindung nicht aus, so dass durch zusätzliche Verehrung der capitolinischen Götter dem republikanischen Staatskultus Genüge getan werden konnte. Die Verträglichkeit der nichtexklusiven Kulte ließ

A. V. CAMPENHAUSEN

dabei keine größeren Probleme entstehen, zumal der offizielle Kult des Kaiserreiches von niemandem inneren Gehorsam, Gesinnung oder Überzeugungsbekenntnis forderte, sondern sich auf formale Zeremonien und Opferhandlungen beschränkte.

Eine Ausnahmestellung genossen allein die Juden, die älteren Geschwister der Christen. Nicht, dass ihnen die Verbindung von Religions- und Volksordnung fremd gewesen wäre, im Gegenteil: Israel war ein von der Religion beherrschtes Gemeinwesen gewesen. Nur war nach der Zerstörung Jerusalems (70 n. Chr.) sozusagen lediglich die Staatsreligion ohne Staat übriggeblieben. Eine Besonderheit bildete die jüdische Religion jedoch insofern, als ihr exklusiver monotheistischer Glaube keine anderen Götter neben sich duldete und das erste Gebot jede Teilnahme am römischen Staatskultus unmöglich machte (»Ich bin der Herr, dein Gott (...) Du sollst keine anderen Götter haben neben mir.« – Ex 20,2–3). Gleichwohl wurde den Juden, ungeachtet einzelner Beschränkungen und vorübergehender Gewaltmaßnahmen, Duldung gewährt. Diese Ausnahme von der Anerkennung des Staatskultus konnte der römische Kaiserstaat deshalb machen, weil er das Judentum als eine nationale Volksreligion ansah. Unerachtet wachsenden Missionserfolges schien es mit Rücksicht auf seinen nationalen Charakter keine grundsätzliche Gefährdung für das Heidentum zu bedeuten.

Ganz anders war die Stellung der Christen, die, als kleine jüdische Sekte beginnend, zur Weltreligion aufstiegen. Mit den Juden teilten sie die Ausschließlichkeit ihres Glaubens. Anders als diese waren sie aber an keine Nation gebunden, sondern kannten von Anfang an Angehörige verschiedenster Nationalitäten. Damit fehlte ihnen gerade die nationale Grundlage und die herkömmliche Verbindung mit einem politischen Organismus, die für den römischen Staat einen Gesichtspunkt für die Duldung abgeben konnte. Vollends gefährlich wurden sie durch die für das heidnische Altertum unbekannte Lehre, dass man Gott mehr gehorchen müsse als dem Staate, der von der Kirche deutlich geschieden war. Zwar forderte die Staatsreligion nicht deshalb Verehrung, weil man an ihre Götter glaubte, sondern weil sie eben die Götter des Kaiserreiches waren. Für die Christen war aber eine noch so formale Anerkennung des staatlichen Kaiserkultus ausgeschlossen.

Die Zeitgenossen vermochten nicht zu verstehen, warum die Christen nicht wie andere Religionsanhänger dem Kultus ihre formale Reverenz erweisen konnten, und erkannten bald, dass die Haltung der Christen nicht nur die Übertretung einzelner Gesetze des Staates bedeutete, sondern die Infragestellung der bis dahin grundsätzlich nicht bestrittenen Einheit von Religion und Staat überhaupt. Die Auseinandersetzung zwischen dem römischen Staat und dem Christentum bekam damit einen prinzipiellen und einmaligen Charakter. Sobald die Christen aus dem Schatten der geduldeten jüdischen Religion herausgetreten waren und sie das Judentum auch zahlenmäßig überrundet hatten, setzten die Verfolgungen ein. Schließlich wurde daraus ein Kampf auf Leben und Tod, bei dem nicht der vergewaltigende Staat, sondern die widerspenstigen Verfolgten gewinnen sollten.

Wie die spätere Geschichte zeigt, war der Gedanke einer Staatsreligion auch in christlich bestimmter Zeit keineswegs zum Sterben verurteilt. Das im Jahre 313 zwischen den Kaisern Konstantin und Licinius getroffene Mailänder Abkommen, das so genannte Toleranzedikt, bedeutet einen prinzipiellen Einschnitt in der Geschichte des Staates und seines Verhältnisses zur Religion. Hier wurde erstmals Toleranz gewährt, das Christentum mit den anderen Religionen rechtlich gleichgestellt und die Kirche für erlittene Verluste entschädigt. Allerdings führte die Regierungszeit Konstantins, der zunächst ja ein nicht mehrheitlich christliches Reich beherrschte, über die bloße Toleranz gegenüber dem Christentum hinaus. Er propagierte den Übertritt zum Christentum, förderte zunehmend die Kirche und ließ sich schließlich selbst taufen. Damit schlug er einen Weg ein, den erst zwei Generationen später Kaiser Theodosius (* 347, Kaiser 379–395) zu Ende ging.

Theodosius machte den, verbreiteter irrtümlicher Meinung nach Konstantin zugeschriebenen, die Weltgeschichte bis heute bestimmenden Schritt zur christlichen Staatsreligion. Dies ist die Bedeutung des Edikts vom 28. Februar 380, welches das rechtgläubige (nicaenische) Christentum zur rechtlichen Alleinherrschaft brachte. Zugleich ging der Kaiser gegen das Heidentum vor und minderte auch den Rechtsstatus der christlichen Häretiker. Das orthodoxe Glaubensbekenntnis wurde damit bei gewaltsamer Unterdrückung aller übrigen zur ausschließlich herrschenden Staatsreligion.

A. V. CAMPENHAUSEN

2. Alte Elemente in einem neuen Zusammenhang

Der heutige Zustand eines schiedlich-friedlichen Nebeneinanders der rechtlich selbstständigen Institutionen von Staat und Kirche ist erst das Ergebnis eines sich über 1500 Jahre hinstreckenden Prozesses von oft erbitterten Konkurrenzkämpfen von Staat und Kirche. Beide Institutionen rangen dabei um Oberherrschaft und Aufsichtsrechte miteinander.

Die Entscheidung des Kaisers Theodosius ist für unseren Zusammenhang unter drei Gesichtspunkten von Wichtigkeit:

Einmal wurde dem noch lebendigen römischen Verfassungsgrundsatz der Staatsreligion zu neuem Leben verholfen. Allerdings musste diese überkommene Einrichtung nunmehr eine neue Bedeutung gewinnen, denn die Kirche forderte in ganz anderer Weise Glauben und Gehorsam als die heidnischen Religionen. Diese erschöpften sich in mehr oder weniger formalen Zeremonien und Opferhandlungen, ohne eine im christlichen Sinne bekenntnismäßige Beteiligung der Religionsgenossen zu erwarten.

Mit der Erhebung des Christentums zur Staatsreligion fand zugleich der herkömmliche Verfassungsgrundsatz auf die christliche Kirche Anwendung, dass das Religionsrecht (ius sacrum) ein Teil des öffentlichen Rechtes (ius publicum) sei. Ein Ausläufer davon ist Art. 140 Grundgesetz i. V. m. Art. 137 Abs. 5 Weimarer Reichsverfassung: Kirchen und andere Religionsgemeinschaften als Körperschaften des öffentlichen Rechts[2].

Die Kaiser nahmen gegenüber der Kirche die gleichen Rechte in Anspruch, die sie gegenüber den heidnischen Kulten ausgeübt hatten. Dementsprechend haben die römischen Kaiser in der Folgezeit tatsächlich die für die Kirche geltenden Gesetze erlassen, Synoden und Konzilien einberufen und geleitet und Glaubensfragen entschieden. Auf diese Weise hat sich eine enge Verbindung zwischen dem christlichen Herrscher und der Kirche entwickelt, an die heute noch der Name des für Kirche und Schule zuständigen staatlichen Ministeriums erinnert, nämlich des Kultusministeriums.

Das führt zum *zweiten* hier festzuhaltenden Punkt: Mit der von Konstantin eingeschlagenen, von Theodosius zu Ende geführten Kirchenpolitik wurde das eingeleitet, was heute – in der Regel abfällig – das Konstantinische Zeitalter des Bündnisses von Thron und Altar genannt wird. In der Folgezeit wuchs in der Tat auch im Westen die Vorstellung von einer Verbundenheit von Staat und Kirche zur Herrschaft, die von der geistlichen und von der weltlichen Autorität gemeinsam geleitet wurde. In der mittelalterlichen Idee des Corpus Christianum und den Landeskirchen hat sie bis heute fortgelebt. Staat und Kirche waren unterschieden, aber als Institutionen nicht getrennt, vielmehr waren beide verbunden, die Kirchen vom Staat in der Regel zugleich privilegiert und beaufsichtigt. Die davon herrührende staatliche Kirchenaufsicht besteht bis heute in zahlreichen europäischen Ländern. In Deutschland wurde sie 1919 abgelöst (Art. 137 Abs. 1 Weimarer Reichsverfassung, heute Art. 140 Grundgesetz)[3].

Aus der ersten Zeit der Kirche, als sie noch eine kleine verfolgte Gemeinde war, ist schließlich *drittens* als nicht mehr verlorenes Erbe der Kirche die Erkenntnis erhalten geblieben, dass die Kirche eine vom Staat unterschiedene selbstständige Größe ist, in der das Gesetz des Staates nicht unbesehen Geltung genießt.

3. Die Entwicklung der Religionsfreiheit

Das Verhältnis des Staates zur Religion hat in den fünfzehn Jahrhunderten seit der Konstantinischen Wende und in den verschiedenen europäischen Staaten unterschiedliche Ausgestaltungen erfahren. Die Religionsfreiheit im heutigen Sinne war der mittelalterlichen Ordnung fremd. Die gemeinsame Verantwortung von Staat und Kirche für die christliche Wahrheit und die unbezweifelte Kompetenz des Staates, die Glaubenseinheit zu erhalten und jede Ketzerei zu bekämpfen, ließen keinen Raum für den Gedanken, hier Freiheit walten zu lassen.[4]

Dass Gewalt in Gewissensfragen von Übel sei, war in der Theologie des Mittelalters nie ganz vergessen, trat aber erst mit der Reformation wieder deutlich ins Bewusstsein. Freilich haben sich die Reformatoren weder theologisch noch kirchenpolitisch um das Menschenrecht der Religionsfreiheit bemüht. Sie haben es weder erfunden noch verteidigt. Die Reformation hatte ein anderes Thema. Die Anfänge der Toleranz im evangelischen Bereich folgten aus der Einsicht in die Unmöglichkeit, den wahren Glauben und seine Freiheit durch weltlichen Zwang zu wecken oder zu fördern. Gewalt ist kein geeignetes Mittel, um das Herz zu bekehren. Gleichwohl haben Unglaube und Irrlehre kein Recht auf Dul-

A. V. CAMPENHAUSEN

dung. Toleranz ist nur die Folge dessen, dass Luther die Ketzerei mit Gottes Wort und nicht mit dem Schwert überwunden wissen wollte. Weltlich wurde Toleranz dementsprechend mit der politischen Notlage begründet. Man duldete Andersgläubige, weil man sie nicht ohne noch größeres Übel beseitigen konnte.

In seiner Schrift »Von weltlicher Obrigkeit, wie weit man ihr Gehorsam schuldig sei« (1523) entwickelte Luther grundlegende Gedanken zur Unterscheidung von Staat und Kirche. Das »weltliche Regiment«, so heißt es im zweiten Teil, erstrecke sich nur »über Leib und Gut und was äußerlich ist auf Erden. Denn über die Seele kann und will Gott niemanden lassen regieren denn sich selbst allein.«[5] Darum beschränke sich die Staatsgewalt, der jedermann gemäß Röm 13,1 f. Gehorsam schuldet, auf die »äußerlichen Güter, dieselben zu ordnen und zu regieren auf Erden«[6]. Glaubensfragen sind also vom weltlichen Regiment ausgenommen.

Es herrschte die Erkenntnis, dass der Glaube ein Werk des Heiligen Geistes ist, das Gewissen also dafür freigehalten werden muss. Die Freiheit des Gewissens wurde jedoch abgeschwächt durch die Beschränkung auf den inneren Gewissensbereich des Menschen außerhalb der Sphäre des sozial bedeutsamen öffentlichen Bekennens. Sie bestand nur »daheim im Winkel«, während das öffentliche Verhalten der Gemeinschaft, das Hören des Wortes auch gegen ein irrendes Gewissen erzwungen werden konnte. Für die Reformatoren bestand die Gewissensfreiheit also darin, dass der nicht verbreitete Irrtum nicht strafbar war. Die Pflicht weltlicher Obrigkeit, für den wahren Gottesdienst zu sorgen, war dadurch nicht in Frage gestellt. Die Reformatoren sträubten sich gegen die Übertragung der geistlichen Freiheit und Gleichheit des Christen vor Gott und in der Gemeinde auf die weltlichen Sozialverhältnisse. Insofern brachte die Reformation »nicht Glaubensfreiheit, sondern Glaubenszweiheit«[7]. Sie hat wenig mit der modernen Religionsfreiheit und nichts mit Gleichheit zu tun.

Vor hundert Jahren führte der Staatsrechtslehrer Georg Jellinek (1851-1911) den Ursprung der Grund- und Menschenrechte auf einen englischen Seitenzweig der Reformation zurück. Heute sieht man die Religionsfreiheit nicht mehr als unmittelbaren Ursprung der Idee der Menschenrechte an. Allerdings setzt die Menschenrechtsidee der Moderne Individualismus und Autonomie der sittlichen Persönlichkeit voraus, deren Entwicklung durch die Vertiefung des persönlichen Glaubenslebens als Frucht der Reformation mächtig gefördert wurde. Insofern ist die moderne Religionsfreiheit eine emanzipatorische Spätwirkung der Reformation. In der politischen Wirklichkeit wurde die Religionsfreiheit von protestantischen Christen gegen den Widerstand der kirchlichen Institution in Holland, in den USA und auch in Deutschland seit den Friedensschlüssen von 1555 (Augsburger Religionsfriede) und 1648 (Westfälischer Friede) schrittweise durchgesetzt. Den Schlusspunkt dieser Entwicklung setzte in Deutschland die Weimarer Reichsverfassung vom 11. August 1919 mit der Anerkennung der Religionsfreiheit als Menschenrecht und der rechtlichen Verselbstständigung von Staat und Kirche bei fortdauernder Zusammenarbeit in Bereichen, die beide interessieren (z. B. Schule, Religionsunterricht, theologische Fakultäten, religiöse Betreuung in staatlichen Anstalten). Die Artikel 136 ff. der Reichsverfassung wurden in Art. 140 des Bonner Grundgesetzes vom 23. Mai 1949 übernommen. Sie gelten weiter als vollgültiges Verfassungsrecht.

Kein Zufall ist es, dass Regime wie der deutsche Nationalsozialismus (1933–1945) und der sowjetische Kommunismus (1919–1990 in der Sowjetunion, 1945–1990 im östlichen Europa einschließlich der DDR) mit dem Bemühen um Alleinherrschaft über das ganze soziale Leben des Menschen keine Appellationsinstanz nichtstaatlicher Natur neben sich duldete. Die christlichen Kirchen wurden als ein kritisches Gegenüber außerhalb der staatlichen Organisation von Anfang an und grundsätzlich bekämpft.[8] Der Staat selbst wollte den Menschen auch in weltanschaulicher Hinsicht einzige Autorität sein. Deshalb wurden diese beiden politischen Bewegungen, die den Unterschied von Staat und Religion aufzuheben bestrebt waren, schon früh als politische Religionen bezeichnet. Der Staatsrechtler Hermann Heller benannte den Zusammenhang schon 1929: »Der Staat kann nur totalitär werden, wenn er wieder Staat und Kirche in einem wird, welche Rückkehr zur Antike aber nur möglich ist durch eine radikale Absage an das Christentum«.[9]

Die Beschränkung des Staates auf diesseitige Aufgaben und die Freiheit des Gewissens und der dem Staat nicht unterworfenen religiösen Institutionen ist also etwas Spezifisches, nur in der christlichen Tradition Denkbares. In der Zweipoligkeit der sozialen Ordnung ist ein Ergebnis der christlich geprägten Entwicklung der Rechtswelt bis heute erhalten geblieben.

A. V. CAMPENHAUSEN

4. Die Relativierung der sozialen Ordnung durch das Christentum

Der universale Anspruch des Christentums bildete von Anfang an einen markanten Unterschied zur vor- und außerchristlichen Welt: Die christliche Botschaft richtet sich an alle, die Menschenantlitz tragen. Mit diesem Universalismus überragte das Christentum alle anderen Ordnungen.[10] Es führte teils sofort, teils allmählich zur Relativierung der scheinbar naturgegebenen Unterschiede von Rassen und Kulturen, von Herren und Sklaven, Gebildeten und Barbaren, Mann und Frau. Ihre Gleichheit wurde in der politischen Welt nicht sogleich errungen, aber das Bild des leidenden Menschensohns lenkte die Aufmerksamkeit der Christen immer neu auf ihre Pflichten als Gesunde, Reiche, Mächtige gegenüber den Armen, Kranken und Schwachen; und das hatte auch seine Auswirkungen auf die sozialen Schranken, welche, durch das Christentum relativiert, im Laufe einer sich über Jahrhunderte hinziehenden Entwicklung in der westeuropäischen Welt fast verschwunden sind.

Die Idee einer universellen, die ganze Menschheit umfassenden Menschengemeinschaft war der vorchristlichen Welt, Juden wie Heiden, gleichermaßen fremd. Die Kultur der Menschenrechte findet sich vorbereitet in ursprünglich christlichen Gedanken einer die Nationen und Rassen übersteigenden Menschennatur. Indem es im Christentum der eine Gott ist, dem es grundsätzlich um jedes einzelnen Menschen Seelenheil geht, bereitete das Christentum jenen Individualismus der Neuzeit vor, der in der Annahme unveräußerlicher Grund- und Menschenrechte gipfelt.

Gewiss sind die modernen Grundrechte im Grundgesetz nicht kurzerhand das Ergebnis des Christentums. Auch antike und moderne philosophische Strömungen haben ihren Beitrag geleistet. Vor allem die natürliche Religion der Stoa zieht sich in mannigfachen Umbildungen wie ein Unterstrom durch die frühe christliche Kirchengeschichte. Aber das Christentum hat eben das sich entwickeln lassen, was heute gilt.

Vom christlichen Zentrum aus haben die Ideen ihren Ausgang genommen, die im Kampf um Gerechtigkeit, Entfaltung des Persönlichkeitsrechts, sozialen Ausgleich, Hilfe für Arme, Kranke, Schwache schließlich in der vom Christentum geprägten, früher gern so genannten christlich-abendländischen Welt zum Ausbau des modernen Sozialstaates geführt haben. Christliches Gedankengut ist dabei in Sachstrukturen in Politik, Gesellschaft und Wirtschaft eingeflossen. Der christliche Sozialstaat ist wiederum kein direktes Ergebnis christlicher Einwirkung, aber er ist nicht ohne christliche Impulse denkbar. Das Christentum hat anders als die in dieser Hinsicht schnöde asoziale Antike, die den schönen und gesunden Menschen als Norm feierte, die leidenden und armen Menschen in den Mittelpunkt gestellt. Ihnen wandte sich Jesus zu, und in seiner Nachfolge wird der Mensch in seiner Fragwürdigkeit, seinem Leiden, seiner Irregeleitetheit in der kirchlich bestimmten Welt nicht versteckt, womöglich getötet, sondern anerkannt und geschützt.[11]

Auch die Wertschätzung der Arbeit[12] ist eine unmittelbare Frucht christlichen Einflusses. Die Antike bewertete die Arbeit, die damals im Wesentlichen körperliche Arbeit war, im Großen und Ganzen negativ. Sie galt als eines freien Mannes unwürdig. Die berühmte Demokratie von Athen vor 2500 Jahren war in dieser Form nur in einem Sklavenstaat möglich. Die wenigen tausend Athener hatten Muße, in demokratischen Versammlungen zu debattieren, während Hunderttausende von Sklaven und Menschen ohne Bürgerrecht die unerlässlichen Arbeiten erledigten. Niemand kam dabei auf den Gedanken, dass Sklaven wie alle anderen Menschen Gottes Kinder seien und ihnen die gleiche Verheißung gelte. Dieser Gedanke wurde erst mit dem Christentum ausgesät. Ein schönes Beispiel ist der ins Neue Testament aufgenommene kurze Brief des Apostels Paulus an Philemon (hier geht es um das Leben eines Christ gewordenen Sklaven).

Natürlich haben auch Christen die Last der Arbeit empfunden und unter der Schinderei geseufzt und sich daran erinnert, dass das Alte Testament die Arbeitsqual als eine Strafe für den Sündenfall verstanden hatte. Aber schon Paulus selbst war Zeltmacher und schämte sich dessen nicht. Er sprach aus, dass, wer nicht arbeiten will, auch nicht essen soll (2 Thess 3,10). Durch das christliche Mönchtum ist ein durch Gebet und Arbeit geprägtes Leben vorbildlich geworden. Die Reformation führte zu einer weiteren Hochschätzung der Arbeit als Quelle menschlicher Freiheit und Selbstbestimmung.

Es kann hier nur angedeutet werden, dass christliches Gedankengut durch seinen universalen Ansatz in Sachstrukturen in Politik, Gesellschaft und Wirtschaft in vielfältiger Weise eingeflossen ist. Hier ist ein kritischer Maßstab entstanden zur Beurteilung politischer Vorgänge, auch politischer Missstände wie des Rassismus, der Euthanasie und Ähnlichem mehr.

A. V. CAMPENHAUSEN

5. Die Veränderung der Welt des positiven Rechts durch das Christentum

Auch die christlich geprägte Geschichte ist eine Geschichte der Irrtümer und Gewalt. Die kritische Frage liegt nahe, ob die Christen und die Kirchen sich nicht oft genug gegen diese positive Entwicklung gestemmt haben. Das ist sicher der Fall. Sogar die Glaubensfreiheit musste von Christen, die das Evangelium ernster nahmen und konsequenter verwirklichen wollten als das etablierte Christentum, gegen die amtliche Kirche erkämpft werden. Aber die christliche Welt hat die christliche Botschaft auf Dauer nie als Ruhekissen missbraucht, sondern die kritischen Anfragen an sich immer wieder gehört, nicht erst im Kampf gegen die totalitären Herrschaften des 20. Jahrhunderts.

Das Christentum brachte den Völkern Europas Gott, den Allmächtigen und Allwissenden, dem nichts verborgen bleibt. Für das Rechtsdenken führte das Einsickern christlichen Gedankenguts zur Überwindung hemmender Förmlichkeit im Verfahren und zu einer Veränderung des materiellen Rechts auf verschiedenen Gebieten. Praktisch geschah dies über die mittelalterliche Vorherrschaft des kanonischen, d. h. des kirchlichen Rechts[13]. Dieses brachte mit seinem Streben nach innerer, materieller Wahrheit eine auch für das weltliche Recht maßgebliche Hinwendung zum Subjekt. Sie ging aus der Sorge für jede einzelne Menschenseele (cura animarum) hervor, die vor Gott gleich wertvoll ist. Das hierin zum Ausdruck kommende Interesse am Individuum war freilich nicht wie in der Moderne egoistisch-diesseitig gedacht, sondern es ging um das Wohlergehen jedes Menschen in Ewigkeit. Aus diesem Grunde kam die Kirche zur Anerkennung der menschlichen Persönlichkeit und ihrer Rechte.

Der Einfluss des kanonischen Rechts auf das profane Gemeine Recht (Jus Commune) wuchs vor etwa 800 Jahren durch den Einfluss der kirchlichen Gerichte (Offizialate), die durch Organisation und Verfahren überlegen waren. Während die Macht weltlicher Gerichtsherren wegen der territorialen Zersplitterung oft nur geringe Reichweite hatte, war die Kirche überall gegenwärtig und verfügte über rechtskundige, des Lesens und Schreibens mächtige Richter, die gelehrtes schriftliches Recht anwandten. Ihr Prozessrecht war einfach besser. Auch war die Vollstreckung ihrer Urteile sicherer, denn die nur ihnen mögliche Androhung und Verhängung von Kirchenstrafen wie Exkommunikation oder Ausschluss von den geistlichen Gütern, d. h. den Sakramenten (Interdikt), schreckte jedermann und war überall vollziehbar.

Zugleich wuchs die Zuständigkeit dieser Gerichte, die zunächst natürlich nur für geistliche Angelegenheiten (causae spirituales) gegeben war. Der Begriff der geistlichen Angelegenheiten wurde weit ausgelegt und durch Angelegenheiten mit religiösem oder kirchlichem Bezug weiter ausgedehnt (causae spiritualibus annexae); dazu zählten Ehe-, Testaments- und Benefizialsachen, aber auch Streitigkeiten um den Bruch eidlich bekräftigter Verträge. Der Zuständigkeit für die Geistlichen (privilegium fori) wegen kamen fast alle, also auch ganz profane Streitigkeiten, an denen Kleriker beteiligt waren, vor kirchliche Gerichte. Dasselbe gilt für Prozesse mit Kaufleuten, des kanonischen Zinsverbotes wegen. Schließlich waren die kirchlichen Gerichte zuständig für Angelegenheiten sozial Schwacher (personae miserabiles), d. h. der Witwen, Waisen, der Armen und der Pilger. Sogar alle weltlichen Prozesse, in denen beichtpflichtige Materien Prozessgegenstand waren, konnten als »causae saeculares ratione peccati«, sündenhalber also, vor den geistlichen Richter gezogen werden.

Kirchliche Gerichte urteilten in späteren Jahren bis zur Reformation – sehr zum Ärger weltlicher Gerichtsherren – also in Bereichen, die heute nach Reformation, Aufklärung und Französischer Revolution selbstverständlich staatlicher Zuständigkeit unterliegen. Auf diesem Wege ist aber – heute kaum mehr bewusst – christliches Gedankengut in das moderne Recht eingeschleust worden. Diese Tatsache gilt sowohl für das dem juristischen Laien in seiner Bedeutung in der Regel weniger bewusste Prozessrecht wie für das materielle Recht.

Mit dem Christentum ist der christliche Gottesbegriff für alle Bereiche des menschlichen Lebens wirksam geworden, auch wo die christliche Prägung wie in den europäischen Rechtsordnungen nicht im Bewusstsein des Mannes auf der Straße lebt. Bei aller Unterschiedlichkeit der nationalen Rechtssysteme verbinden gemeinsame Grundlagen das europäische Rechtsdenken bis in unsere Tage.

Nach christlichem Verständnis sieht Gott der Allmächtige und Allwissende den Menschen ins Herz. Nichts bleibt ihm verborgen. Das hatte vor jeder Beeinflussung von Einzelheiten im Recht eine prinzipielle Verinnerlichung und Moralisierung des Rechtsdenkens zur Folge, die heute nur als Ausdruck einer entwickelten Rechtskultur wahrgenommen wer-

A. V. CAMPENHAUSEN

den. Theologisch aufgeladene Begriffe drangen in die Rechtssprache ein und transportierten damit christliches Gedankengut ins Recht. Solche juristischen Begriffe waren das Gewissen (conscientia), guter Glaube (bona fides; hierher rührt der heute noch in § 937 Absatz 2 BGB vertretene Standpunkt, dass bei der Ersitzung guter Glaube nicht nur im Zeitpunkt der Besitzerlangung vorliegen müsse, sondern während der ganzen Ersitzungszeit), ferner Ehrbarkeit (honestas), aber auch Nächstenliebe (caritas) und Barmherzigkeit (misericordia), Keim-Begriffe auch für das modernere Sozialrecht. Besonderes Gewicht kommt für die Rechtsentwicklung dem auch in der griechischen Philosophie und im römischen Recht bekannten Begriff der Billigkeit[14] zu (griechisch: epieikeia, lateinisch: aequitas). Als »aequitas canonica« gewann sie vielfältige Bedeutung auch im Recht der Herrscher, von denen »aequitas« und »misericordia« erwartet wurden: Sie sollten Milde walten lassen, d. h. nicht formal korrekt, sondern billig Urteil sprechen. Diese Billigkeit kommt schon bei Aristoteles vor, aber erst das kanonische Recht nahm auf ganzer Front den Kampf gegen das Alles oder Nichts, den »rigor iuris« des römischen Rechts auf.

Die hier entwickelte Lehre der vom Recht zu fordernden Billigkeit ist ein Charakteristikum der christlich geprägten europäischen Rechtskultur. Im geltenden Recht ist der Grundsatz gesetzlich vielfach festgeschrieben worden, z. B. in Härteklauseln im Miet- und Unterhaltsrecht, in Befreiungstatbeständen im Baurecht, im Wehrrecht (§ 11 WehrpflG, § 10 ZivildienstG), in der Möglichkeit, aus Billigkeit von Strafe abzusehen (§ 60 StGB) oder ein Verfahren einzustellen (§§ 153 ff. StPO).

Dass heute kein schärferer Vorwurf erhoben werden kann als der unsozialen Verhaltens, ist ebenfalls ein Charakteristikum einer durch das Christentum geprägten Rechtsordnung und Überzeugung. Der soziale Grundton, der das Europäische Recht auch schon vor der Ausbildung des modernen Sozialstaates durchzog, unterscheidet das christlich geprägte Abendland grundlegend von der ganz asozialen griechisch-römischen Antike und ostasiatischen Kulturen.

Die altorientalische Forderung, sich der Armen und Schwachen anzunehmen, hat in der christlichen Religion eine zentrale Stellung gewonnen und die Rechtswelt mitgeprägt. Im Kontrast zur griechisch-römischen Antike hat sich Christus gerade vom Menschenbild griechischer Wohlgeratenheit abgekehrt und sich der Schar der Armen, Kranken,

Behinderten und Niedrigen zugewendet. Als Schmerzensmann ist er in jedem Kruzifix selbst als Leidender gegenwärtig. Die Auswechselung des antiken Menschenbildes durch das christliche gehört zu den unser Bewusstsein, das moderne Weltbild bestimmenden Tatsachen.[15]

Mit dem Interesse an jeder Menschenseele und der gebotenen Fürsorge für sie hängt auch die christliche Ablehnung der Abtreibung zusammen. Frühe christliche Erwägungen über Bildung und Entstehung der menschlichen Seele im Embryo haben schon in der Spätantike dazu geführt, dass neben griechischen und jüdischen Einflüssen insbesondere christliches Gedankengut in dem Satz erhalten ist, dass auch das Ungeborene bereits als geboren zu behandeln sei, sofern seine Rechte auf dem Spiel stehen (Nasciturus pro iam nato habetur quoties de commodis eius agitur).

Die prinzipielle Gleichheit aller Menschen vor Gott einerseits, die Hinwendung des Blicks auf die Armen, Schwachen, Unfreien andererseits wirkten in der Rechtsordnung wie ein Sauerteig, der schließlich eine Verbesserung der Rechtstellung des Einzelnen bewirkt hat. Unterschiede, die in der Antike naturgegeben schienen, relativierten sich zu kulturellen Tatsächlichkeiten, die angesichts Gottes sozusagen auf ihre Legitimität abgeklopft wurden. Diese Entwicklung ging zäh voran, nicht ohne Widerstände in der getauften Gesellschaft und nicht ohne Rückschläge, aber sie wirkte kontinuierlich befreiend, führte zu einer Emanzipation.

Heute noch lässt die bürgerliche Ehe[16] im Grundsatz der Einehe und der lebenslangen Dauer, der die Scheidung nur als gesetzliche Ausnahmesituation ansieht, christlichen Ursprung erkennen[17]. Christlich ist auch die heute umstrittene ausschließliche Einehe als Folge der Abschaffung anderer eheähnlicher Verhältnisse und gleichzeitig nebeneinander möglicher weiterer Eheformen (Kebsehe, Friedelehe)[18] – eine Entwicklung, an deren Rückgängigmachen heute gearbeitet wird.

In jedem Fall hat die Durchsetzung der auf übereinstimmender Erklärung beider Ehegatten beruhenden Konsensehe gegen die Tradition der Muntehe die Rechtsstellung der Frau seit dem 12. Jahrhundert verbessert. Die germanische vorchristliche Rechtswelt wies durch ihre patriarchalische Gemeinschaftsbindung eine deutliche Minderstellung der Frau auf und ließ für den Mann auch mehrere Frauen zu (Polygynie). Die dabei übliche Form der Eheschließung war die der Muntehe, nämlich

A. V. CAMPENHAUSEN

ein Eheschluss nicht aufgrund der Willenserklärung der Braut, sondern aufgrund eines Übereinkommens des Bräutigams mit der Sippe oder den familienrechtlichen Gewalthabern der Braut (Muntehe, in der älteren Literatur auch Kaufehe genannt, eine Sippenvertragsehe im Gegensatz zur Konsensehe).

Auch im Testamentsrecht ist der Einfluss des kirchlichen Interesses unmittelbar greifbar, denn mit dem Christentum wurde es üblich, im Testament die Armen mit einem Erbteil zu bedenken (portio Christi, Seelteil)[19]. Das geschah auch um des eigenen Seelenheils willen. Rechtlich setzte dies aber voraus, dass der Erblasser über sein Eigentum frei verfügen konnte, um auch Arme oder Hospitäler oder Kirche miterben lassen zu können.

Von hier gehen Einflussströme auf das Stiftungsrecht, welches als fromme Schenkung für die Kirche im mittelalterlichen Hospital oder Armenhaus im 4. Jahrhundert seine Anfänge hat und seit Entstehung eines weltlichen Stiftungsrechts am Ausgang des Mittelalters in Europa für Kulturtaten ersten Ranges ursächlich ist.[20]

Auch das stillschweigende Verbot der Versklavung ist ein Aspekt der Humanisierung des Rechts, der eine Rechtsfolge des Christentums ist. Schon früh wurde die Versklavung christlicher Kriegsgefangener verboten, eine vor und nach 1945 oft missachtete Regelung der modernen Genfer Konvention.[21] Ein Zeugnis dieses Kampfes gegen das Sklaventum ist der beispielhafte Protest des Dominikaners Las Casas (1474–1566) gegen die Versklavung der Indianer in Lateinamerika. Er gründete sich auf die Bibel, während sein Gegner Sepulveda (1490–1573) sich für die Rechtfertigung der Sklaverei auf die antiken Philosophen stützen konnte[22]. Bekanntlich sah Aristoteles (384–322 v. Chr.) den Unterschied von Freien und Sklaven noch als eine hinzunehmende Naturtatsache an. Erst der jüdisch-christliche Schöpfungsgedanke und die aus der Gotteskindschaft folgende prinzipielle Gleichheit aller Menschen haben hier eine allmähliche Änderung der Einstellung herbeigeführt.

Gewiss bedeutete das Christentum nicht das sofortige Ende der Sklaverei. Das Neue Testament setzt sie voraus. Sklaverei wird als solche zunächst nicht zum Problem gemacht oder verurteilt. Das ist umso bemerkenswerter, als in den ersten Gemeinden die Zahl der Sklaven diejenige der Sklavenbesitzer bei weitem überstiegen hat. Allerdings änderte sich der Charakter der Sklaverei grundsätzlich. Der Brief des Apostels Paulus an Philemon (hier geht es um die Rücksendung eines weggelaufenen Sklaven an seinen Herrn) lässt dies erkennen.

Die ersten kirchlichen Verbote der Sklaverei erfolgten durch die protestantischen Kirchen in den USA im 18. Jahrhundert. Jetzt erst wurde die traditionelle Haltung aufgegeben, dass man seinen sozialen Stand hinnehmen müsse. Die Freiheit der Kinder Gottes sollte sich in der Ordnung der Gesellschaft als soziale und politische Freiheit ausdrücken. Jetzt wurde das anerkannt.

Die Geschichte der Sklaverei und des Sklavenhandels durch Christen ist kein Ruhmesblatt. Für sie gilt aber dasselbe wie für die scheinbare Fortsetzung der Sklaverei in der von der Kirche im Mittelalter nicht bekämpften Leibeigenschaft[23] des Feudalismus. Die Fortsetzung ist nur scheinbar und insofern etwas prinzipiell anderes als in der Antike, als bei der Leibeigenschaft Menschen zwar in unterschiedlichen sozialen Zusammenhängen in einer nicht auf Gleichheit begründeten Ordnung klassenweise unterschiedliche Rechte genießen; alle aber sind als Menschen gleich. Als Mensch, Person und Rechtssubjekt waren Leibeigene also nicht Sachen wie Sklaven oder Großvieh in der vorchristlichen Rechtsordnung.

Im Strafrecht[24] hat das kanonische Recht sowohl die Lehre von der Verantwortlichkeit des Täters wie die Lehre vom Strafzweck mit christlichem Gedankengut bis heute wirksam beeinflusst. Das primitive Strafrecht der germanischen Welt hatte bis dahin nur nach dem äußeren Erfolg gerichtet. Nun wurde mit der Unterscheidung von Schuld und Sühne nicht nur der äußere Erfolg der Verbrechenstat, sondern auch der innere Tatbestand beim Täter beachtet. Das kanonische Recht hat die strenge Erfolgshaftung überwunden und die Lehre von Schuld und Verbrechen ausgebaut. Die für die Bestrafung wichtigen Schuldformen wurden herausgearbeitet. So die Unterscheidung von Vorsatz (dolus) und Fahrlässigkeit (culpa) und die der Zurechenbarkeit (imputabilitas) einer Tat führten zu einer differenzierteren Bewertung der verbrecherischen Tat als das bloße Anknüpfen an den Erfolg (»Die Tat richtet den Mann«). Die Art und Weise der Tatausführung und die dabei zum Vorschein kommende Tätergesinnung führte also zur Annahme mildernder bzw. erschwerender Tatumstände. »Das musste zugleich das Strafrecht im Grundsätzlichen reformieren und humanisieren. Der Sünder kann Buße tun und es muss ihm die Gelegenheit dazu gegeben werden«[25]. Auf diese Weise konnte

A. V. CAMPENHAUSEN

der Gedanke der Besserung mit dem Gedanken der Vergeltung in Konkurrenz treten. »Das Strafrecht, das ursprünglich nichts anderes als sozialisierte Privatrache war, bekam einen höheren ethischen Gehalt«[26]. Neben die Vergeltungsstrafe (poena vindicativa) trat bis heute unterschieden die Besserungsstrafe (poena medicinalis).

Auch auf strafprozessualem Gebiet hat das kanonische Recht wie eine vorweggenommene Aufklärung gewirkt, auch wenn manche Jahrhunderte alte Forderung erst heute wirklich umgesetzt wird, wie das Verbot der Todesstrafe. Das kanonische Recht lehnte sie seit bald 1000 Jahren ab, weil die Todesstrafe dem exekutierten Verbrecher die Chance der Besserung nimmt.

Die christlichen Wurzeln unserer heutigen Rechtsordnung werden in der Privatrechtsgeschichte im Einzelnen behandelt. Mit dem Rationalitätsstreben, der Personalisierung und dem Streben nach Billigkeit sind drei Baugesetze des europäischen Rechtskreises benannt, die nicht hinweggedacht werden können, ohne dass Wesentliches entfiele. Insofern ist das Erbe des Kanonischen Rechts nicht nur Geschichte und Vergangenheit, sondern auch noch Gegenwart und in unzähligen Verästelungen und Ausstrahlungen gegenwärtig.

Der Einfluss des Christentums zeigt sich nicht nur in den großen richtungweisenden Grundfragen. Auch bei einer mehr technischen Durchsicht des Rechtsbestandes erweist sich, dass ganze Teile der heutigen Privatrechtsordnung auf dem kanonischen Recht beruhen, also unmittelbar durch das Christentum hervorgebracht worden sind. Das gilt für das Familienrecht, das Erbrecht, das Prozessrecht und anderes mehr. Überall spielt die Tendenz zur Individualisierung und Verselbständigung des einzelnen Menschen eine Rolle, der – aus dem Familienverband herausgelöst – zur Ehemündigkeit, zur Verfügungsberechtigung, zur Testierfreiheit, zum Erbrecht geleitet wird. Diese sehr wohl erforschten Zusammenhänge sind Gegenstand der Privatrechtsgeschichte der Neuzeit.

1   Kurzer zusammenfassender Überblick über die Entwicklung des Verhältnisses von Kirche und Staat seit der Antike bei Axel von Campenhausen, Staatskirchenrecht. Ein Studienbuch, C. H. Beck, München [3]1996, S. 3 ff.

2   Vgl. Rudolf Smend, Zur Gewährung der Rechte einer Körperschaft des öffentlichen Rechts an Religionsgemeinschaften gemäß Artikel 137 Weimarer Reichsverfassung, Zeitschrift für evangelisches Kirchenrecht 2, 1952/53, S. 374 ff. u. dens., Grundsätzliche Bemerkungen zum Korporationsstatus der Kirchen, Zeitschrift für evangelisches Kirchenrecht 16, 1971, S. 241 ff.; Axel von Campenhausen, Staatskirchenrecht, a. a. O., S. 139 ff.

3   Auch nach Erlass der Reichsverfassung von 1919 bedurfte es erheblicher Kämpfe, um dem Staat die traditionelle, nun nicht mehr zugelassene Aufsicht über die Kirchen abzugewöhnen. Grundlegend dazu damals: Godehard Josef Ebers, Staat und Kirche im neuen Deutschland, Max Hueber, München 1930. Vgl. auch: Axel von Campenhausen, Staatskirchenrecht, a. a. O., S. 94 ff.

4   Vgl. Martin Heckel, Menschenrechte im Spiegel der reformatorischen Theologie. Abhandlungen der Heidelberger Akademie der Wissenschaften 1987 = ders., Gesammelte Aufsätze, Bd. 2, Mohr Siebeck, Tübingen 1989, S. 1122 ff.; Axel von Campenhausen, Religionsfreiheit, in: Handbuch des Staatsrechts der Bundesrepublik Deutschland, Bd. 6, C. F. Müller, Heidelberg 1989, S. 369 ff.; ders., Menschenrechte im Verständnis der Kirche, Zeitschrift für evangelische Ethik 32, 1988, S. 282 ff. = ders., Kirchenrecht und Kirchenpolitik. Stellungnahmen im kirchlichen Zeitgeschehen, Vandenhoeck & Ruprecht, Göttingen 1996, S. 96 ff.

5   Martin Luther, Von weltlicher Obrigkeit, wie weit man ihr Gehorsam schuldig sei (1523).

6   Ebd.

7   Gerhard Anschütz, Die Religionsfreiheit, in: Handbuch des deutschen Staatsrechts, Bd. 2, Mohr Siebeck, Tübingen 1932, S. 676.

8   Vgl. Holger Kremser, Der Rechtsstatus der evangelischen Kirche in der DDR und die neue Einheit der EKD, Jus Ecclesiasticum, Bd. 46, Mohr Siebeck, Tübingen 1993; Axel von Campenhausen, Staatskirchenrecht in den neuen Bundesländern, in: Handbuch des Staatsrechts, Bd. 9, C. F. Müller, Heidelberg 1997, S. 305 ff.

9   Hermann Heller, Europa und der Faschismus, 1929, jetzt in: ders., Gesammelte Schriften, Bd. 2, A. W. Sijthoff, Leiden 1971, S. 463 ff. und 471 ff., hier S. 515. Vgl. auch Michael Rohrwasser, Religions- und kirchenähnliche Strukturen im Kommunismus und Nationalsozialismus und die Rolle des Schriftstellers, in: Totalitarismus und politische Religionen. Konzepte des Diktaturvergleichs, hrsg. von Hans Maier, Schöningh, Paderborn u. a. 1996, S. 383 ff.

10   Vgl. Vittorio Hösle, Moral und Politik, Grundlagen einer politischen Ethik für das 21. Jahrhundert, C. H. Beck, München 1997, S. 47 ff. und 714 ff.

11   Vgl. Hans Maier, Welt ohne Christentum – was wäre anders?, Herder, Freiburg/Basel/Wien 1999, S. 12 ff.

12   Vgl. die Art. Arbeit von Horst Dietrich Preuß, Michael Rocke, Karl-Hermann Schälkle, Henneke, Gülzow, Jacques Le Goff, Karl-Heinz zur Mühlen, Martin Honecker und Gün-

ter Brakelmann in: Theologische Realenzyklopädie, Bd. 3, de Gruyter, Berlin u. a. 1978, S. 613 ff.; auch Hans Maier, Welt ohne Christentum, a. a. O., S. 64 ff.

13 Vgl. Hans Liermann, Das kanonische Recht als Grundlage europäischen Rechtsdenkens, Zeitschrift für evangelisches Kirchenrecht 6, 1957, S. 37 ff.; Gerald Göbel, Der Beitrag des kanonischen Rechts zur europäischen Rechtskultur, Archiv für katholisches Kirchenrecht 159, 1990, S. 19 ff.; Hans-Jürgen Becker, Spuren des kanonischen Rechts im Bürgerlichen Gesetzbuch, in: Rechtsgeschichte und Rechtsdogmatik, hrsg. von Reinhard Zimmermann, C. F. Müller, Heidelberg 1999, S. 159 ff.

14 Vgl. die Art. Billigkeit von Ekkehard Kaufmann, in: Handwörterbuch zur deutschen Rechtsgeschichte, Bd. 1, Verlag Erich Schmidt, Berlin 1971, Sp. 431 ff. und Alexander Hollerbach, in: Staatslexikon, hrsg. von der Görres-Gesellschaft, Bd. 1, Herder, Freiburg/Basel/Wien [7]1985, S. 810 ff.

15 Vgl. Hans Maier, Welt ohne Christentum, a. a. O.

16 Vgl. Paul Mikat, Art. Ehe, in: Handwörterbuch zur deutschen Rechtsgeschichte, Bd. 1, a. a. O., Sp. 809 ff.; Dieter Schwab, Grundlagen und Gestalt der staatlichen Ehegesetzgebung in der Neuzeit bis zum Beginn des 19. Jahrhunderts, Verlag E. u. W. Gieseking, Bielefeld 1967, S. 2.

17 Die unter Konstantin, Theodosius und Justinian erlassenen Gesetze beseitigen die bis dahin bestehende Freiheit der Ehegatten, die Ehe zu lösen, indem sie die Zulässigkeit der Scheidung auf das Vorliegen bestimmter Scheidungsgründe beschränken.

18 Dazu Hans-Wolfgang Strätz, Art. Kebsehe, in: Handwörterbuch zur deutschen Rechtsgeschichte, Bd. 2, Berlin 1978, Sp. 695 f.; Werner Ogris, Art. Friedelehe, ebd., Bd. 1, Berlin 1971, Sp. 1293 ff.

19 Vgl. Hans Liermann, Handbuch des Stiftungsrechts, Bd. 1, Mohr Siebeck, Tübingen 1963, S. 24 ff.

20 Axel von Campenhausen, Geschichte des Stiftungswesens, in: Handbuch Stiftungen. Ziele – Projekte – Management – Rechtliche Gestaltung, hrsg. von Bertelsmann Stiftung, Verlag Dr. Th. Gabler, Wiesbaden 1998 (Nachdr. 1999), S. 23 ff.

21 Abschreckende Beispiele sind die Ausbeutung der Kriegsgefangenen durch das NS-Regime vor 1945 und der bis elf Jahre nach dem Krieg zurückgehaltenen deutschen Kriegsgefangenen als Arbeitssklaven insbesondere in Frankreich und der Sowjetunion.

22 Anschaulich dazu die Erzählung von Reinhold Schneider, Las Casas vor Karl V. – Szenen aus der Konquistadorenzeit (Leipzig 1938), Suhrkamp, Frankfurt/Main 1990.

23 Vgl. Friedrich-Wilhelm Henning, Art. Leibeigenschaft, in: Handwörterbuch zur deutschen Rechtsgeschichte, Bd. 2, Verlag Erich Schmidt, Berlin 1978, Sp. 1761 ff.

24 Dazu Gerald Göbel, Der Beitrag des kanonischen Rechts zur europäischen Rechtskultur, a. a. O., S. 29 f.

25 Hans Liermann, Das kanonische Recht als Grundlage europäischen Rechtsdenkens, a. a. O., S. 39.

26 Gerald Göbel, Der Beitrag des kanonischen Rechts zur europäischen Rechtskultur, a. a. O., S. 30.

Christentum und Naturwissenschaft

JOHANNES HUBER, ULRICH H. J. KÖRTNER, MARGIT PAVELKA, FRANZ WACHTLER

1. Einleitung

Christentum, Religiosität und Wissenschaft sind seit frühchristlicher Zeit über Jahrhunderte hinweg bis in die Gegenwart untrennbar miteinander verbunden. Jesus erscheint den Aposteln nach der Auferstehung und fordert sie, die erschrocken sind und sich fürchten, auf, zu sehen und zu prüfen, ob er selbst es sei: »Seht meine Hände und meine Füße an: Ich bin es selbst. Fasst mich doch an und begreift: Kein Geist hat Fleisch und Knochen, wie ihr es bei mir seht« (Lk 24,39). Dies ist eine klare Aufforderung, selbst kritisch zu überprüfen und sich nicht auf unklare Berichte zu verlassen.

Wenn auch die Entstehung und Ausbildung des neuzeitlichen Verständnisses von Naturwissenschaft in die erste Hälfte des 16. Jahrhunderts fällt, existieren doch naturwissenschaftlich orientierte Fachgebiete schon in der Antike. Astronomie, Mechanik und Mathematik stehen in hoher Blüte, und es sind hauptsächlich die mittelalterlichen, gar nicht »finsteren«, sondern sehr aufgeschlossenen Klöster, welche die naturwissenschaftlichen Kenntnisse der Antike – vielfach durch Übersetzung arabischer Schriften – weitergeben. Das Interesse an den Naturwissenschaften ist sowohl im Mittelalter als auch in der Neuzeit sehr groß. Zwei Grundhaltungen des Christentums stehen wirkungsgeschichtlich dabei im Zentrum:

Zum einen ist es der im Christentum außerordentlich hohe Stellenwert der Wahrheit, der zu intensivem Streben nach Erkenntnis generell und nach Verständnis der Naturereignisse im Speziellen führt und die wissenschaftliche Erkundung der Naturvorgänge zu einem zentralen Anliegen macht. Einen anschaulichen Beleg für den hohen Stellenwert der Naturwissenschaften in kirchlichen Institutionen und Klöstern gibt die für die jeweilige Zeit modernste Ausstattung mit naturwissenschaft-

lichen Instrumenten und Apparaten. Ein besonders schönes und ein-
drucksvolles Beispiel ist der »Mathematische Turm« in Kremsmünster,
errichtet 1758 »Ad gloriam Altissimi« (s. Abb.); es ist eine Art »Hochhaus«,
und jedes Geschoss ist einem anderen naturwissenschaftlichen Thema
gewidmet. Der Aufstieg über das geologische und paläontologische Kabinett, das mineralogische, physikalische und zoologische, das volks-
kundliche und schließlich astronomische Kabinett führt im obersten
Stockwerk in ein Kapellenzimmer – die Beschäftigung mit der Natur
führt zu Gott.

Der »Mathematische Turm« in Kremsmünster, 1758, und Aufschrift über dem Portal.[1]

Der zweite wesentliche Beweggrund für das große Interesse an der
Naturwissenschaft ergibt sich aus ihrer Bedeutung für den Dienst an der
Gemeinschaft mit besonderem Anliegen in der Heilkunde. Wissenschaft
und Caritas stehen als Grundpfeiler nebeneinander. Das Streben nach
naturwissenschaftlicher Kenntnis als unabdingbare Grundlage für die
Befähigung zum ärztlichen Handeln und das christliche Wirken für den

Nächsten stehen für viele Ärzte über Jahrhunderte hinweg in ihrem Beruf an erster Stelle.

2. Neuzeitliche naturwissenschaftliche Forschung

Das Christentum hat von Anfang an in seinem Einflussbereich die neuzeitliche naturwissenschaftliche Forschung beeinflusst, indem ihre Ergebnisse und Theorien stets gegenüber dogmatischen Einsprüchen gerechtfertigt und verteidigt werden mussten. Jedem Forscher war klar, dass er nicht in einem von christlichen Vorgaben freien Raum agieren konnte, sondern in all seinen Vorgehensweisen und Erkenntnissen letztlich kirchlichen Beurteilungen und Bewertungen unterlag, wenn er sich zum Welt- oder Menschenbild äußerte, worauf die Kirche gewissermaßen ein Auslegungsmonopol beanspruchte und wahrnahm. Sowohl die katholische als auch die protestantische Theologie haben sich hierzu immer wieder geäußert und Konflikte produziert und geschürt, die bezüglich des Weltbildes erst gegen Ende des 19. Jahrhunderts langsam gelöst wurden, jedoch beispielsweise hinsichtlich des Menschenbildes, konkret der Abstammungslehre im Sinne der Darwin'schen Evolutionstheorie, bis heute noch nicht vollständig beseitigt sind. Zentraler Punkt in der Auseinandersetzung und zugleich Quelle für viele Missverständnisse ist der Wahrheitsbegriff, der in Theologie und Naturwissenschaften unterschiedlich verstanden wird. Deshalb werden die folgenden Ausführungen, die aus der Zusammenarbeit zwischen katholischen und protestantischen Theologen und Naturwissenschaftlern bzw. Medizinern hervorgegangen sind, neben einer kurzen Darstellung des Spannungs- und Dialogfeldes am Beispiel des Phänomens der biologischen Entwicklung an einigen konkreten Positionen Divergenzen und Konvergenzen in der Diskussion zwischen Kirchen und Naturwissenschaft behandeln.

2.1 Wahrheitsfindung

Das Verhältnis zwischen Christentum und Naturwissenschaft war und ist problematisch, man denke nur an den Fall des Astronomen Galileo Galilei (1564–1642). Dieser hatte erkannt, dass sich die Erde um die Sonne dreht und nicht umgekehrt, wie es der damaligen Vorstellung des kirchlichen Lehramtes entsprach. 1633 musste sich Galilei in Rom gegen

J. HUBER, U.H.J. KÖRTNER, M. PAVELKA, F. WACHTLER

den Vorwurf verantworten, er vertrete das kopernikanische Weltbild[2]. Im Hintergrund stand jedoch der Vorwurf, dass Galileis Erkenntnisse fälschlicherweise als im Widerspruch zu der Transsubstantiationslehre der katholischen Kirche (d. i. die Lehre von der Wandlung von Brot und Wein in Leib und Blut Christi während der Messe) interpretiert wurden. Galilei widerrief seine Thesen und wurde zu Gefängnis verurteilt. Papst Urban VIII., der Galilei persönlich schätzte, wandelte die Gefängnisstrafe sofort in Hausarrest um, in dem Galilei die letzten acht Jahre seines Lebens verbrachte. Erst unter Papst Johannes Paul II. kam es 1993 zu einer Revision des seinerzeitigen Prozesses. Es handelte sich dabei um einen bedeutenden Akt, gab das kirchliche Lehramt damit doch indirekt zu, nicht immer unfehlbar gewesen zu sein.

Die Gesprächssituation hat sich freilich im Laufe der Zeit gewandelt. Stand am Beginn der offene Konflikt zwischen biblischem Schöpfungsglauben und einem mehr oder weniger geschlossenen naturwissenschaftlichen Weltbild, das für Gott keinen Raum mehr zu bieten schien, so gibt es heute auf beiden Seiten ein Bewusstsein für die Begrenztheit der jeweiligen Perspektive auf das Ganze der Wirklichkeit. Dennoch wirkt die Annahme, die Natur, mit welcher sich die Naturwissenschaften befassen, müsse etwas mit dem Gott des christlichen Glaubens zu tun haben, nach wie vor als Provokation.

Anstößig ist aus Sicht der Naturwissenschaft einst wie jetzt der absolute Wahrheitsanspruch des römisch-katholischen Lehramtes, der auf der Basis von Bibel, Überlieferungstradition und kirchlicher Lehre gestellt wird. Diese Summe des Wahren wird als von Gott offenbart angesehen, an dem nichts Falsches sein kann. Wegen der transzendenten Natur des offenbarenden Gottes entzieht sich das Offenbarte jeder Untersuchung mit Methoden der Naturwissenschaft.

Dem steht der (objektivierbare, auf Beobachtung, Experimenten und logischer Konklusion beruhende) Wahrheitsanspruch wissenschaftlicher Erkenntnis gegenüber. Naturwissenschaftliche Erkenntnis stellt keinen absoluten Wahrheitsanspruch, mehr noch, nach Karl Popper (1902–1994) ist die Widerlegbarkeit geradezu ein Qualitätsmerkmal »guter« wissenschaftlicher Erkenntnis.

Der Versuch, naturwissenschaftliche Methoden auf kirchliche Lehrinhalte anzuwenden, führte kirchlicherseits zu scharfen ablehnenden Reaktionen, man denke etwa an den Fall Renan. Ernest Renan (1823–

1892) wollte zunächst katholischer Geistlicher werden, trat jedoch 1845 aus der Kirche aus. Im Jahre 1863 erschien sein Buch »La vie de Jésus«, in dem Renan auf der Basis der Evangelien das menschliche Leben Christi darstellte, insbesondere auch seine psychologische Entwicklung im Laufe seines öffentlichen Wirkens. Dies war mit der kirchlichen Vorstellung von der unveränderlichen göttlichen Natur Jesu Christi naturgemäß nicht in Einklang zu bringen, ebenso wenig wie der historisch-kritische Ansatz Renans mit der Exegese des kirchlichen Lehramtes. Das Buch wurde auf den »Index librorum prohibitorum« (Verzeichnis der verbotenen Bücher) gesetzt.

Ende des 19. und Anfang des 20. Jahrhunderts trat in der katholischen Theologie die Strömung des so genannten Modernismus auf. Die »Modernisten« verlangten im Zuge einer Anpassung der Kirche an die moderne Welt insbesondere auch die Unabhängigkeit und Freiheit der theologischen Forschung. Der Modernismus wurde 1907 von Pius X. in der Enzyklika »Pascendi« verurteilt. In der weiteren Folge wurden kirchliche Amtsträger zum Ablegen des so genannten »Antimodernisteneides« verpflichtet.

Auf der anderen Seite ist in der Diskussion kontroverser Themen für Naturwissenschaftler die Methode kirchlicher Wahrheitsfindung (s. o.) nicht anwendbar. Verschärft wird dieser Konflikt durch den häufig missglückten Versuch kirchlicher Amtsträger, naturwissenschaftliche oder medizinische Argumente, die objektiv falsch, missverstanden oder unbegründet sind, zur Untermauerung ihres Standpunktes in die Diskussion einzubringen. Oft scheint dies dadurch zu Stande zu kommen, dass »Berater« seitens der Kirchenführung herangezogen werden, die weniger durch wissenschaftliche Expertise als vielmehr durch die religiöse Einstellung ausgewiesen sind.

Dies führt dazu, dass auch von aktiv katholischen Naturwissenschaftlern und Medizinern dem kirchlichen Lehramt die Kompetenz, sich zu naturwissenschaftlichen Themen zu äußern, abgesprochen wird. Daraus resultiert naturgemäß ein Verlust der kirchlichen Autorität insgesamt. Eine Lösung dieses Problems könnte durch eine entsprechende Zurückhaltung kirchlicher Amtsträger erfolgen. Des Weiteren wäre es wünschenswert, wenn in der theologischen Ausbildung die Naturwissenschaften einen höheren Stellenwert einnehmen würden. Nichtsdestoweniger sind viele Naturwissenschaftler persönlich religiös und haben in

J. HUBER, U.H.J. KÖRTNER, M. PAVELKA, F. WACHTLER

der westlichen Welt eine auf die christliche Tradition zurückzuführende Sozialisation erlebt. Auch darauf soll im Folgenden eingegangen werden. Das Verhältnis der evangelischen Theologie zu den Naturwissenschaften ist seit der Aufklärung durch eine größere Offenheit gekennzeichnet[3]. Die Tatsache, dass in der säkularen Gesellschaft für Fragen des Weltbildes nicht mehr Theologie und Kirche, sondern die Naturwissenschaften zuständig sind, ist im modernen Protestantismus grundsätzlich anerkannt. Abgesehen von fundamentalistischen Kreisen lösen die Erkenntnisse der physikalischen Kosmologie oder der biologischen Evolutionstheorie heute keine theologischen Kontroversen mehr aus. Aufgrund der Einsicht, dass die Theologie naturwissenschaftliche Forschungsergebnisse nur rezipieren kann und keine eigene Erkenntnisquelle auf diesem Gebiet besitzt, enthält sich die evangelische Kirche jeder Stellungnahme zu Fragen des naturwissenschaftlichen Weltbildes. Sehr wohl sieht sie ihre Aufgabe aber darin, die ethischen Konsequenzen des christlichen Schöpfungsglaubens für den Umgang mit der Natur aufzuzeigen.

Zunächst aber gilt es nach evangelischem Verständnis, zwischen naturwissenschaftlichem Denken und Schöpfungsglauben zu unterscheiden. Der Unterschied zwischen Naturwissenschaft und Glauben entspricht der Unterscheidung von Wissen und Gewissheit. Die naturwissenschaftliche Forschung zielt auf intersubjektives Wissen, der Glaube an Gott, den Schöpfer, auf Gewissheit, was die Sinnfrage menschlicher Existenz und menschlichen Weltumgangs betrifft. Der Sinn der Rede von der Schöpfung erschließt sich daher auf einer anderen Ebene als derjenige naturwissenschaftlicher Aussagen. Nicht wie die Welt ist, sondern *dass* sie ist, ist das eigentliche Geheimnis der Welt, das durch den christlichen Schöpfungsglauben eine spezifische Deutung erfährt. So gesehen verhalten sich die Weltsicht des Glaubens und diejenige der Naturwissenschaften komplementär zueinander.

2.2 Biologische Entwicklung

Unter dem Begriff Entwicklung werden in der Biologie zwei Phänomene subsumiert, die auf den ersten Blick wenig miteinander zu tun zu haben scheinen: einerseits die biologische Evolution und andererseits die Individualentwicklung. Im Gegensatz zu den fundamentalistischen »Creationists« in den USA, die unter Hinweis auf die biblische Schöpfungsgeschichte die (Darwin'sche) Evolutionstheorie ablehnen, scheint die Evolutionstheorie in der katholischen Kirche kein Diskussionsthema zu sein. Auch in der evangelischen Kirche ist sie heute unstrittig. Umstritten ist aber, welche Eingriffe in den Prozess der Evolution dem Menschen ethisch erlaubt sind und inwiefern die gentechnische Nutzung der Ergebnisse der Evolutionsbiologie mit dem christlichen Schöpfungsglauben in Einklang steht. Auf medizinischem Gebiet ist kirchlicherseits außerdem die Individualentwicklung ein Thema, geht es doch, bedingt durch die Fortschritte der Genetik, Entwicklungsbiologie und Reproduktionsbiologie, um die Positionierung in moralischem und ethischem Neuland.

2.2.1 Evolution

Charles Darwin (1809–1882) entwickelte auf der Basis umfangreicher Naturbeobachtung die Evolutionstheorie. Diese besagt, dass sich im Laufe der Erdgeschichte Lebewesen vom Einfachen zum Komplexen hin verändert haben. Durch die Möglichkeit, das Erbgut von verschiedenen Spezies zu vergleichen, ist die Evolutionstheorie in den letzten Jahrzehnten zusätzlich untermauert worden und wird heute allgemein anerkannt. Das römisch-katholische kirchliche Lehramt scheint sich diese Position weitgehend zu eigen gemacht zu haben[4]. In der Tat kann ja die Schöpfungsgeschichte als Beschreibung eines evolutiven Prozesses aufgefasst werden. Auch die Rolle Gottes als die des Schöpfers scheint nicht in Frage gestellt, da sich Gott der Evolution als Werkzeug zur Schöpfung bedient haben könnte. Die von dem Jesuitenpater Pierre Teilhard de Chardin (1881–1955) versuchte Synthese von Evolution und Theologie scheint wenig Resonanz in Theologie und Naturwissenschaft gefunden zu haben.

Allerdings gibt es in dieser Frage seitens der evangelischen Theologie unterschiedliche Positionen. Während die kontinentaleuropäische evangelische Theologie im Anschluss an Karl Barth (1886–1968) eher auf die Unterscheidung zwischen biblischer und naturwissenschaftlicher Weltsicht drängt, ist die angelsächsische Gesprächssituation stärker von synthetischen schöpfungstheologischen Ansätzen bestimmt[5]. In der deutschsprachigen Theologie wird häufig auf die Unterschiede zwischen dem evolutionsbiologischen und einem biblisch-schöpfungstheologischen Paradigma hingewiesen. Sie betreffen vor allem den Gedanken der Teleologie (Zielgerichtetheit).

Der Teleologiebegriff ist als aristotelisches Erbe tief in der abendländischen Naturphilosophie wie auch in der christlichen Schöpfungslehre verankert. Heutige evolutionsbiologische Theorien der Selbstorganisation des Lebens wie des gesamten Kosmos geben das metaphysische Teleologieprinzip auf und setzen an seine Stelle den Begriff der selbstgesteuerten Teleonomie oder Bionomie[6]. Damit geht ein wichtiges Bindeglied zwischen Schöpfungstheologie und Naturwissenschaft verloren. Der Teleonomie- oder Bionomiebegriff lässt sich jedenfalls nicht umstandslos mit der Vorstellung eines personalen Schöpfergottes harmonisieren, etwa indem man die im Zufallsprozess der Evolution sich aufbauende Ordnung nachträglich als Ergebnis eines alles Naturgeschehen umfassenden personalen Schöpferwillens deutet. Eine mit dem Begriff der Teleo- bzw. Bionomie operierende Theorie der Selbstorganisation schließt im Grunde sowohl die theistische Annahme eines handelnden Gottes als auch die vitalistische einer göttlichen Kraft im Universum aus[7].

Wenn vor allem angelsächsische Autoren dennoch Konvergenzen zwischen biblischem und evolutionärem Denken zu erkennen glauben, so liegt dies daran, dass sie den Schöpfungsgedanken evolutionär, prozesshaft oder panentheistisch deuten, was wiederum theologisch nicht unproblematisch ist. Kann demgegenüber gezeigt werden, dass sich die naturwissenschaftliche und die schöpfungstheologische Perspektive auf die Wirklichkeit komplementär verhalten, so müssen einerseits die Begriffe »Evolution« bzw. »Natur« und »Schöpfung« erkenntnistheoretisch und ihrem Gehalt nach unterschieden werden. Andererseits muss aber das mit »Schöpfung« Gemeinte an der Natur aufweisbar sein.

Eine interessante Erkenntnis der letzten Zeit erfolgte durch Analyse von menschlicher mitochondrialer DNA. Dies ist die Erbinformation, die in bestimmten Zellorganellen, den so genannten Mitochondrien pflanzlicher und tierischer Zellen, vorhanden ist. Im Gegensatz zur DNA des Zellkernes wird mitochondriale DNA ausschließlich von den Müttern an deren Nachkommen weitergegeben. Durch die Analyse und den Vergleich der DNA verschiedener menschlicher Populationen konnte geschlossen werden, dass alle derzeit lebenden Menschen auf eine einzige Urpopulation zurückzuführen sind. Dies kann als Parallele zur Erschaffung eines einzigen Menschenpaares in der biblischen Schöpfungsgeschichte gesehen werden.

Trotz solcher Ansätze, die Evolutionstheorie, welche heute weit über die Biologie hinaus als das grundlegende Paradigma der Naturwissenschaft gilt, mit der klassischen Schöpfungslehre des Christentums in Einklang zu bringen, gibt es noch keine abschließende Lösung der von der Evolutionstheorie aufgeworfenen theologischen Fragen. Auch wenn man nicht mehr von einer prinzipiellen Unvereinbarkeit des christlichen Schöpfungsglaubens mit der Evolutionstheorie sprechen muss, ist ihre Komplementarität in wichtigen Einzelfragen weiterhin umstritten. Neben dem schon erwähnten Problem des Teleologiebegriffs, der z. B. in Teilhard de Chardins Versuch einer Synthese von Schöpfungs- und Evolutionslehre eine wesentliche Rolle spielt, stellt sich beispielsweise die Frage nach den theologischen Implikationen des biologischen Begriffs der Autopoiesis (Selbstorganisation).

2.2.2 Embryonalentwicklung

Die naturwissenschaftliche Entwicklung der letzten Jahre hat zu einem grundsätzlich neuen Verständnis der Individualentwicklung geführt. Embryonalentwicklung wurde als genetisch gesteuerter Vorgang begriffen, die Steuerung dieses Prozesses wurde bis hin zur molekularen Ebene entschlüsselt, und Embryonalentwicklung wurde in einem Maß manipulierbar, das bis vor kurzem unvorstellbar schien. Ein Beispiel dafür ist die so genannte Künstliche Befruchtung oder In-vitro-Fertilisation.

Künstliche Befruchtung (In-vitro-Fertilisation)
In-vitro-Fertilisation wird seitens der katholischen Kirche mit dem Hinweis auf die Entkoppelung des Sexualaktes von der Zeugung selbst strikt abgelehnt[8]. Als weiteres Argument gegen die In-vitro-Fertilisation wird die erforderliche Gewinnung von Sperma durch Masturbation herangezogen[9]. Mit der Begründung, dass (personales) menschliches Leben von Anfang an zu schützen sei, wird auch jegliche Manipulation an menschlichen Embryonen zu Forschungszwecken untersagt, pränatale Diagnostik und genetische Manipulationen werden als nur in Ausnahmefällen ethisch vertretbar angesehen.

Ein weiteres ethisches Problem, das für die Ablehnung der In-vitro-Fertilisation durch die katholische Kirche spricht, ergibt sich daraus, dass üblicherweise im Rahmen einer In-vitro-Fertilisation mehr als nur eine Eizelle gewonnen wird (üblicherweise etwa ein Dutzend). Diese werden befruchtet und dann jeweils einige (üblicherweise drei), die sich zu frühen Embryonalstadien weiterentwickelt haben, in die Gebärmutter implantiert. Der Rest wird tiefgefroren und für eventuelle spätere Implantationsversuche aufbewahrt. Dies ergibt sich daraus, dass einerseits die hormonelle Stimulation der Eizellproduktion und die operative Gewinnung von Eizellen eine nicht unerhebliche physische Belastung darstellen und andererseits die Wahrscheinlichkeit, dass die Implantation einer befruchteten Eizelle letztendlich zu einer Entbindung führt, mit ca. zehn Prozent relativ gering ist.

Es fallen somit immer wieder tiefgefrorene Embryonen an, deren weitere Entwicklungsfähigkeit im Laufe der Zeit abnimmt. Derartige Embryonen werden nach Ablauf einiger Monate bis Jahre vernichtet. In Deutschland werden befruchtete Eizellen im sogenannten Vorkernstadium eingefroren, d. h. in einem Zustand nach Eindringen der Samenzelle in die Eizelle, jedoch vor dem Verschmelzen der Zellkerne, mit dem Hinweis, dass es sich noch nicht um Embryonen handele.

Auch nach Ansicht der evangelischen Kirche wirft die künstliche Befruchtung erhebliche ethische Fragen auf, doch wird sie nicht generell abgelehnt.[10] Für unzulässig wird allerdings die Forschung an Embryonen und ihre Zeugung zu Forschungszwecken gehalten.[11] Begründet wird diese Position mit der Unbedingtheit des Menschenrechtes auf Leben, das vom Moment der Befruchtung an gelte. Nicht abgelehnt wird die In-vitro-Fertilisation, wenn sie zur Überwindung von Sterilität dient, d. h. nur aus therapeutischen Gründen und unter strenger medizinischer Indikation, um jeden Missbrauch auszuschließen. Außerdem soll ihre Anwendung nach Ansicht der evangelischen Kirche auf verheiratete Paare begrenzt bleiben, um der Auflösung von Ehe und Familie entgegenzuwirken. Vor dem verständlichen Kinderwunsch steriler Paare hat in jedem Fall die Menschenwürde des Kindes zu stehen, das einen moralischen Anspruch auf familiäre Stabilität und Integrität seiner Herkunft hat.

Bei der ethischen Beurteilung der pränatalen Diagnostik stellt sich aus evangelischer Sicht vor allem die Frage, ob diese im Interesse des Kindes liegt. Sofern sie den Zweck hat, therapeutische Maßnahmen setzen zu können, wird sie nicht abgelehnt. Allerdings ist eine Güterabwägung zwischen dem Risiko der geplanten Untersuchung und der Wahrscheinlichkeit eines positiven Befundes vorzunehmen. Außerdem muss bedacht werden, dass sich bei Feststellung einer Missbildung die Frage des

Schwangerschaftsabbruchs stellt, der von der evangelischen Kirche zwar nicht in jedem Fall strikt verurteilt, jedoch moralisch als schuldhafte Maßnahme bewertet wird. Größtes Gewicht kommt daher aus evangelischer Sicht einer kompetenten Beratung zu.

Wann beginnt menschliches Leben?

Dies stellt die Frage nach dem Beginn menschlichen Lebens als Person und damit verbunden die Frage nach dem Zeitpunkt, ab welchem ein unbedingter Schutzanspruch auch für das ungeborene Leben besteht. Die Betonung des Personalen ist deswegen erforderlich, weil auch die vielen Millionen Spermien, die während des Zeugungsaktes keine Eizelle befruchten und daher nach kurzer Zeit zugrunde gehen, zweifelsohne menschliches Leben darstellen. Der Beginn menschlichen personalen Lebens lässt sich jedoch nicht eindeutig festlegen. Die oft gehörte Festlegung, menschliches personales Leben (in theologischem Sinne mit der Verbindung von Leib und Seele gleichzusetzen) beginne mit der Fusion von Ei- und Samenzelle, ist sicher zu kurz gegriffen, die Fixierung des Beginns menschlichen personalen Lebens hängt nämlich von der keineswegs eindeutigen Definition personalen menschlichen Lebens ab. Menschliches Leben ist von seinem Beginn an ein Prozess, der verschiedene Stadien durchläuft. Was den Schutz des ungeborenen Lebens betrifft, so verbinden sich biologische Tatsachenfragen mit anthropologischen und moralischen Wertungsfragen.

Die Fusion von Ei- und Samenzelle stellt eine notwendige Bedingung für das Überleben und die Weiterentwicklung der (befruchteten) Eizelle dar. Ohne sich mit einer Eizelle zu vereinen, geht ein Spermium, wie schon erwähnt, innerhalb kurzer Zeit zugrunde. Andererseits ist mit dem Zeitpunkt der Fusion noch nicht festgelegt, wie viele Individuen aus einer befruchteten Eizelle entstehen werden (eineiige Zwillinge). Da nach katholischer Ansicht jedes Individuum als Mensch durch eine persönliche, individuelle Seele ausgezeichnet ist, scheint die Festlegung des Beginns personalen menschlichen Lebens auf den Zeitpunkt der Fusion von Ei- und Samenzelle problematisch zu sein. Eine weitere Schwierigkeit mit dieser Festlegung ergibt sich durch die Möglichkeit, dass nach der Befruchtung zwei Embryonen miteinander verschmelzen. Das Resultat derartiger Verschmelzungen kann unterschiedlich sein. Aus Tierexperimenten kann geschlossen werden, dass dabei unauffällige (»tetraparen-

J. HUBER, U.H.J. KÖRTNER, M. PAVELKA, F. WACHTLER

tale«) Individuen entstehen können. Andererseits kann es zur »inclusio fetalis in fetu« kommen, wobei man in einem normalen Individuum Gewebe eines anderen Individuums findet. Auch in diesem Fall ergibt sich eine nicht zu übersehende Schwierigkeit mit der Festsetzung des Beginns menschlichen personalen Lebens, da sich in diesen Fällen zwei verschiedene befruchtete Eizellen zu einem (personalen) Individuum entwickelt haben.

Aus evangelischer Sicht kann das Personverständnis und die Frage nach dem moralischen Status von Embryonen nicht, wie in der katholischen Tradition üblich, rein naturrechtlich geklärt werden, zumal die neuere evangelische Theologie den missverständlichen Begriff der Seele vermeidet. Personalität ist wie Geschöpfsein oder Gottebenbildlichkeit ein Zuschreibungsbegriff, der eine Maxime moralischen Verhaltens gegenüber anderem menschlichen Leben impliziert und nicht genetisch fixiert ist[12]. Das ethische Argument für oder gegen den Schutz des Embryos ist nicht negativ die Möglichkeit, dass die Schwangerschaft nicht erfolgreich verlaufen muss, sondern positiv die Möglichkeit, dass dies geschieht. Mehrlingsbildung, Deformation oder früher Abort sind nicht auszuschließen, aber eben keineswegs die Regel. Eben das Nichtwissen über die Entwicklungspotenzen einer befruchteten Eizelle begründet nach evangelischer Auffassung den Schutz des Lebens vom ersten Moment an.

Ein weiteres Problem mit der Festlegung des Beginns personalen menschlichen Lebens ergibt sich aus der Genetik. Nach heutiger Vorstellung ist für die menschliche Individualität das individuelle Erbgut die unabdingbare Basis. Gene sind Abschnitte auf der DNS, dem molekularen Träger der Erbsubstanz. Die Bauanleitungen für alle Eiweißkörper, die im menschlichen Organismus Träger der Funktionen sind, deren Summe das Leben ausmacht (z. B. Verdauungsenzyme), sind die Gene. Man bezeichnet ein Gen als aktiv, wenn die Bauanleitung realisiert wird und der durch das jeweilige Gen definierte Eiweißkörper produziert wird. Nicht alle Gene sind Bauanleitungen für Eiweißkörper, einige Gene steuern auch die Aktivität anderer Gene. So schalten beispielsweise Gene während der Embryonalentwicklung andere Gene am richtigen Ort und zum richtigen Zeitpunkt ein und aus. Ein Beispiel dafür sind die Gene für den Sauerstoff transportierenden roten Blutfarbstoff, das Hämoglobin. Im menschlichen Erbgut existieren etwa ein halbes Dutzend verschiedener Gene, die sukzessive ein- und ausgeschaltet werden und ein für das jeweilige Entwicklungsstadium optimales Hämoglobin produzieren. Dies besagt, dass das individuelle personale Leben insgesamt durch die Aktivität des individuellen persönlichen Genoms bedingt ist. Alle Umwelteinflüsse, die als menschliches Schicksal die Persönlichkeit prägen, tun dies auf der Basis des individuellen Genoms.

Dies wird auch von der katholischen und der evangelischen Theologie so gesehen und führt zu einem Widerspruch zu der Festlegung des Beginns menschlichen personalen Lebens auf die Vereinigung von Ei- und Samenzelle. In der befruchteten Eizelle ist nämlich das embryonale Genom inaktiv, es wird bei Säugetieren im Laufe der ersten Entwicklungstage sukzessive eingeschaltet. Die genetische Aktivität der befruchteten Eizelle und des frühen Embryos wird ausschließlich von »auf Halde gelegten« mütterlichen Genprodukten (mRNAs) bedingt. Dies bedeutet, dass die individuelle persönliche genetische Aktivität zu einem späteren Zeitpunkt beginnt als die Vereinigung von Ei- und Samenzelle.

2.2.3 Zusammenhang zwischen Evolution und Embryonalentwicklung

Ernst Haeckel (1834–1919) beobachtete, dass frühe Embryonalstadien verschiedener Spezies einander ähnlicher seien als spätere und dass die Komplexität im Laufe der Embryonalentwicklung zunähme. Er postulierte daraus, dass die Embryonalentwicklung eine kurze Rekapitulation der Evolution sei. Ganz bewusst verstand Haeckel seine Theorie als wichtigen Beitrag zum antiklerikalen preußischen Kulturkampf. Für das Verhältnis zwischen katholischer bzw. evangelischer Kirche und Naturwissenschaft ist dieser Konflikt von rein historischer Bedeutung. Im angelsächsischen Bereich hat die durch Haeckel ausgelöste weltanschauliche Kontroverse ohnehin nie eine wichtige Rolle gespielt.

Heute ist, nicht zuletzt durch die Entwicklungsgenetik, das Haeckel'sche »biogenetische Grundgesetz« weitgehend überholt. Trotzdem gibt es einen Zusammenhang zwischen Embryonalentwicklung und Evolution: Wenn im Laufe der Evolution neue Spezies entstehen, so geschieht dies durch Veränderungen in der Embryonalentwicklung. Dabei spielen nicht nur Mutationen, also sprunghafte Veränderungen von Genen, sondern auch Veränderungen im räumlich-zeitlichen Muster der Aktivität von Genen eine wichtige Rolle.

3. Der Einfluss der Kirchen auf die Naturwissenschaften

In der westlichen Welt durchläuft die überwiegende Mehrzahl aller Menschen einen Sozialisationsprozess, der mittelbar oder unmittelbar durch die christlichen Kirchen mitgeprägt worden ist. Dies gilt in besonderem Maße für die Universitäten, die ihre Wurzeln in kirchlichen Institutionen haben. Bis in die Neuzeit waren Formen klösterlichen Lebens im universitären Alltag erkennbar. Viele Universitäten, darunter auch beispielsweise die Universitäten in Salamanca und Wien, lassen dies bereits in ihrer an einen Kreuzgang gemahnenden Architektur des Innenhofes deutlich erkennen. Auch die bauliche Struktur amerikanischer Campus-Universitäten strahlt oft eine klösterliche Atmosphäre aus. So wie in einem Kloster ist das Leben auf einem Campus bewusst verschieden vom Leben der Welt außerhalb des Campus gestaltet und strukturiert, wohl eine durchaus beabsichtigte Übernahme monastischer Lebensweise, um ein ideelles Ziel (Bildung und Forschung) zu realisieren. Daraus wird verständlich, dass das Werte- und Normensystem in der westlichen Welt bewusst oder unbewusst ein christliches ist. Dies betrifft auch Naturwissenschaftler in ihrem Denken und Verhalten. Doch lassen sich die Perspektiven der säkularen Vernunft und des religiösen Glaubens heutzutage nicht mehr in eine einheitliche Konzeption von Wirklichkeit integrieren. An die Stelle obsoleter Einheitskonzepte treten multiperspektivische Modelle der Wirklichkeitsbeschreibung[13]. Dementsprechend muss auch der transdisziplinäre Dialog zwischen Theologie und Naturwissenschaften der unaufhebbaren Pluralität von Perspektiven wie auch der Differenz zwischen Vernunft und Glauben, naturwissenschaftlichem Tatsachenwissen und religiöser Glaubens- bzw. Heilsgewissheit Rechnung tragen.

1   Bildzitat aus: P. Laurenz Doberschitz, Specula Cremifanensis. Beschreibung der in dem mathematischen Thurme zu Cremsmünster befindlichen Naturalien, Instrumente, und Seltenheiten; Ms CCn 1048 (herausgegeben von P. Amand Kraml als Heft Nr. 40 der Berichte des Anselm Desing Vereins, Februar 1999), S. 12: »Die Ehre des Allerhöchsten, der (sic) Aufnahm der schönen Wissenschaften, und der aus dieser Quelle entspringende Nutzen der in unserer Academie Studierenden Jugend waren die Triebfedern, welche dieses große Gebäude von dem Grunde aus endlich empor gehebet ...«.

2   Kopernikus, 1473–1543, hatte die Gesetzmäßigkeiten der Planetenbewegung erkannt.

3   Über den Diskussionsstand informiert eingehend H. Hübner, Der Dialog zwischen Theologie und Naturwissenschaften. Ein bibliographischer Bericht (Forschungen und Berichte der Evangelischen Studiengemeinschaft 41), München 1987.

4   Vgl. Karl Rahner, Evolution, in: Herders theologisches Taschenlexikon, Bd. 2, Freiburg/Basel/Wien 1972, S. 249–262.

5   Vgl. im Einzelnen Christian Link, Schöpfung (Handbuch Systematischer Theologie 7, 2 Bde.), Gütersloh 1991, bes. Bd. 2.

6   Vgl. Stefan N. Bosshard, Erschafft die Welt sich selbst? Die Selbstorganisation von Natur und Mensch aus naturwissenschaftlicher, philosophischer und theologischer Sicht (Quaestiones disputatae 103), Freiburg/Basel/Wien 1985.

7   Vgl. Ulrich H. Körtner, Solange die Erde steht. Schöpfungsglaube in der Risikogesellschaft (Mensch – Natur – Technik 2), Hannover 1997, S. 53 ff. Zu einem anderen Ergebnis gelangen Robert Spaemann/Reinhard Löw, Die Frage Wozu? Geschichte und Wiederentdeckung des teleologischen Denkens, München 1981.

8   Vgl. Andreas Laun in: W. Brandstetter/J. Huber/H. Janisch/A. Laun, Künstliche Befruchtung, Wien 1985; vgl. auch Katechismus der katholischen Kirche, München u.a. 1993, Nr. 2377.

9   Vgl. Katechismus der katholischen Kirche, a. a. O., Nr. 2352.

10 Vgl. dazu: Von der Würde werdenden Lebens. Extrakorporale Befruchtung, Fremdschwangerschaft und genetische Beratung, hrsg. vom Kirchenamt der EKD (EKD Texte 11), Hannover 1985; Zur Achtung vor dem Leben. Maßstäbe für Genetik und Fortpflanzungsmedizin. Kundgebung der Synode der EKD, hrsg. vom Kirchenamt der EKD (EKD Texte 85), Hannover 1987; Das Leben achten. Maßstäbe für Gentechnik und Fortpflanzungsmedizin. Beiträge aus der evangelischen Synode für Deutschland, Gütersloh 1988.

11 Vgl. die Stellungnahme der EKD vom April 1987, in: Kirchliches Jahrbuch für die Evangelische Kirche in Deutschland 1986, Jahrgang 113, 1989, S. 338–343.

12 Zum Personbegriff in der evangelischen Theologie siehe K. Stock, Person II. Theologisch, Theologische Realenzyklopädie 26, Berlin/New York 1996, S. 220–231.

13 Vgl. J. Fischer, Kann die Theologie der naturwissenschaftlichen Vernunft die Welt als Schöpfung begreiflich machen?, in: Freiburger Zeitschrift für Philosophie und Theologie 41, 1994, S. 491–514.

J. HUBER, U.H.J. KÖRTNER, M. PAVELKA, F. WACHTLER

Christentum und Philosophie

HORST FOLKERS

1. Das Christusereignis

1.1 Christus als geschichtliches Ereignis

Das Christentum ist keine Philosophenschule. Sein Ursprung, ein außerphilosophisches Ereignis, hat aber die Philosophie nachhaltiger beschäftigt als irgendein philosophisches Ereignis. Das ist Folge des paradoxen Charakters dieses Ereignisses, das als ein historisches Faktum beansprucht, die Wahrheit zu sein. Denn das Christentum ist in Christus selbst, seinem Tod und seiner Auferstehung (1 Kor 15,3.4), seiner Menschwerdung (Joh 1,14), begründet. Christus ist nicht Lehrer oder Stifter, er ist der Inhalt des Christentums, »der eigentliche Inhalt des Christentums ist (...) ganz allein die *Person* Christi«[1]. Jesus Christus ist ein Ereignis des Volkes Israel im größeren Raum einer hellenistisch geprägten Kultur, deren Herrschafts- und Rechtsform römisch war. Als jüdisches Ereignis ist er der Messias, der Gesalbte des Herrn, der als König, Priester und Prophet erwartet wurde; rezipiert wird er im griechisch bestimmten Kulturraum als Christós, als Gesalbter, welcher der Sohn Gottes ist (Mk 1,1; Joh 11,27); die abendländische Geschichte bestimmt er als zum Christus latinisiert. Die mit Jerusalem, Athen und Rom paradigmatisch angesprochenen drei großen Wurzeln abendländischer Kultur sind gemeinsam Bedingung schon des Christusereignisses. Es ist verblüffend, diese Einsicht bereits beim Evangelisten Johannes zu finden, der vom Kreuzigungstitel Christi ausdrücklich mitteilt, »geschrieben auf Hebräisch, Griechisch und Lateinische Sprach« (Joh 19,20)[2], damals eine kühne Zusammenschau der Traditionen und Mächte, die den Christus ermöglichten, 1900 Jahre später wie eine prophetische Stimme klingend. In Christus ist das leidenschaftliche Gespräch mit Gott, das Israel geführt hat, an sein Ziel gekommen, in ihm ist der hellenistische Philosophengott aus seiner stummen Ferne befreit und nahe geworden, in ihm ist die Wahrheit als Grenze der römischen Macht und Vorschein göttlicher Vollmacht bestimmt. Nehmen wir das Gemeinsame aller drei Traditionen, so bestimmt sich in Christus das Verhältnis von Mensch und Gott neu – das ist das Christusereignis.

Die hellenistische Welt des römischen Reiches zur Zeit der Kreuzigung Christi war in sozialer Hinsicht durch einen zunehmenden Individualismus geprägt. Die Vielfalt kultureller Beziehungen im östlichen Mittelmeerraum und die unwiderstehlich voranschreitende, wechselseitige Beeinflussung der Kulturen unter der Dominanz der hellenistischen stellte viele in eine Welt, die nicht mehr nur durch familiäre und stammesmäßige Verbundenheit geprägt war. In dieser Welt waren der eigene Tod, die eigene Schuld und die Ferne einer schützenden Macht zur Frage geworden. Auferstehung, Sündenvergebung und Nähe Gottes, vermittelt und veranschaulicht in der Person Jesu Christi, konnten als Antworten auf eigene Fragen gehört werden. Die Predigt Jesu rückte das Himmelreich nahe (Mt 4,17) und ließ Gott als Vater verstehen (Mt 6,9). Die Evangelien verkündigten Jesus als Sohn Gottes (Mk 1,1), der Fleisch geworden ist (Joh 1,14). Und Paulus lehrte seine Auferstehung vom Tode als ein kosmisches Ereignis (2 Kor 5,19), durch das Sünde und Tod besiegt sind. Zu dieser Botschaft und zur Gemeinde der Christen, die sich um diese Botschaft und ihren leiblich-geistlichen Vollzug in der Feier des Brotbrechens (Apg 2,42) versammelte, hatte jedermann Zugang durch die Taufe. Die Taufe befreite von den Mächten der Welt und stellte den Getauften in die Gemeinde Christi, sie war als neue Geburt gedacht und ausgestaltet (Joh 3,3–6) und begründete eine neue Existenz in Christus. Der Sehnsucht einer zugleich universalistischer und individualistischer werdenden Zeit kam die Sendung (missio) des jungen Christentums entgegen. Es war – anders als die heidnischen Kulte – überlokal, es war weder an eine Sprache noch an eine Nation gebunden und es wandte sich – anders als die Philosophenschulen – nicht nur an die Gebildeten. Ob nun das Christentum durch seine Botschaft, durch die Solidarität seiner Gemeinden oder die Würde seines Gottesdienstes, ob es also durch Martyria, Diakonia oder Leiturgia am anziehendsten war, letzlich ist das Faktum seiner Ausbreitung ohne seine innere Überzeugungskraft nicht zu verstehen. Gemäß dem Worte Christi »Ich bin der Weg, die Wahrheit und das Leben« (Joh 14,6) beanspruchte es Wahrheit mitten auf dem Forum, auf dem bisher die Philosophenschulen ihr siegreiches Wort sagten[3].

H. FOLKERS

Christus hat das Christentum nicht geschaffen. Jesus wusste sich gesandt zu den verlorenen Schafen des Hauses Israel (Mt 15,24) – das Christentum aber ist, seiner jüdischen, urchristlichen Wurzel unerachtet, wesentlich ein Christentum aus den Heiden. Und doch ist es ohne den universalen Rettungs- und Heilungswillen Jesu, ohne das Bewusstsein seiner in Gottes eigenem Willen begründeten Vollmacht, unerklärlich[4]. Wie Jesus nur in den Evangelien wirklich erreichbar ist[5], so ist das beginnende Christentum nicht unmittelbar durch die ersten Jünger, von denen wir ebensoviel oder genauer noch weniger Historisches wissen als von Jesus selbst, sondern nur durch die Zeugnisse der frühen Kirche greifbar. Es ist immer schon die aus dem Aramäischen ins Griechische übersetzte, sich in der hellenistischen Kultur behauptende Jesusnachfolge, die in den ältesten Texten überliefert ist. Ihr größtes Dokument ist die später zum Kanon des Neuen Testaments zusammengefasste Schriftensammlung der frühesten und gewichtigsten Zeugnisse des Christusereignisses. Die Bildung dieses Kanons im Zusammenhang mit der personalen Vermittlung der gemeindlich-kirchlichen Jüngernachfolge ist die aufs weltgeschichtliche Ganze gesehen entscheidende Leistung der alten Kirche – ecclesia est scripturae sacrae traditio[6]. Die Überlieferung des Kanons steht an der Spitze der vier großen Tatsachen, die das Christentum der alten Kirche verdankt: die Bibel als Kanon heiliger Schriften, das Glaubensbekenntnis, die Messe und das Bischofsamt[7].

1.2 Das Glaubensbekenntnis der Kirche

Die für die Frage des Verhältnisses der christlichen Botschaft zur Philosophie entscheidende Tatsache war die Entstehung des Glaubensbekenntnisses. Von frühen, schon dem Neuen Testament zu entnehmenden Bekenntnisformen ausgehend, kam es schließlich im 4. Jahrhundert zu der großen konziliaren Form des nicaenischen Glaubensbekenntnisses, des einigenden Grundbekenntnisses der ganzen Christenheit. Indem das Nicaenum sich vor der Sammlung heiliger Schriften verantwortet, bleibt es dem gründenden Ereignis treu, es rückt, wie das biblische Zeugnis, qualitativ wie quantitativ den Christus in die Mitte, es hat sein Zentrum in der Christologie. Das Glaubensbekenntnis sondert aus der umfangreichen Tradition der Kirche, wie sie der biblische Kanon enthält, das jedem Einzelnen zuzumutende Glaubensgut aus. Es ist aus dem Katechumenat, dem Taufunterricht, erwachsen, es antwortet auf die Notwendigkeit, jedem zur Taufe Willigen eine knappe Form des Glaubensgutes einzuprägen und abzuverlangen[8]. Es antwortet ad extra und ad intra auf die Frage: »Was glaubt der Christ eigentlich?« Es ist so kurz, dass es von jedem auswendig gewusst werden kann und sich als Teil des gottesdienstlichen Vollzuges gemeinsam sprechen lässt. Indem im Glaubensbekenntnis der verständigste wie der unverständigste Glaubende wörtlich dasselbe bekennen, ist die Überlegenheit der Priester und Gebildeten über die Laien beendet, ist jede Esoterik aus der Kirche verbannt und die Gleichheit der Glaubenden, auch insofern sie ihren Glauben wissen, konstituiert.

Um solcher Vorzüge willen wird das Glaubensbekenntnis zum festen Teil der Tradition. Erst allmählich zeigt sich, dass damit ein Umschwung in Form und Art kirchlicher Überlieferung mit weit reichenden Folgen geschieht. Denn im Glaubensbekenntnis konzentriert sich die Lehre der Kirche, die in den heiligen Schriften in einer Vielfalt erzählender und anderer Formen mitenthalten ist, in reiner Form. Die natürliche Tendenz konzentrierter Lehre aber ist es, maßstäblich für das Glaubensgut überhaupt zu werden; die Lehre des Glaubens beginnt das personale Zeugnis für ihn zu überwiegen, und der wissenschaftliche Geist, der urteilt und verallgemeinert, drängt sich vor den erzählenden und individualisierenden Geist der heiligen Schriften – kurz: Der griechische Geist beginnt den jüdischen zu dominieren, um sich dann dem juridischen römischen Geist einzuordnen[9]. Gewissermaßen in der Gegenprobe ist das auch daran erkennbar, dass das Judentum erst im Mittelalter und niemals mit allgemeiner Verbindlichkeit ein Glaubensbekenntnis ausgebildet hat. Im Glaubensbekenntnis wächst der Kirche ein Charakter zu, der sie mit der Philosophenschule verbindet. Zwar beherrscht das Glaubensbekenntnis die Kirche nicht, aber es steht in ihr als die gelehrte Wahrheit; zwar hat es seinen Rang nicht ohne weiteres über der heiligen Schrift, aber deren Auslegung wird daran geprüft, ob sie bekenntnismäßig geschieht. Der Katholizität der Kirche kommt das Glaubensbekenntnis zugute, zu ihrer Authentizität hat es eine zweideutige Stellung – das elementarste Glaubensgut wird einerseits geschützt, andererseits von der Vielfalt seiner biblischen Bezüge abstrahiert und diesen vorgeordnet. Indem das Glaubensgut der Kirche sich in der Doppelform von Kanon und Glaubensbekenntnis darstellt, entwickelt sich der Kampf um die reine Lehre der Kirche als eine Auseinandersetzung um die doppelte Notwendigkeit von

Ursprünglichkeit und Allgemeinheit, also von Authentizität und Katholizität, welche die Geschichte der Kirche bis heute beherrscht. Faktisch versammelt das Glaubensbekenntnis dogmatische Spitzenaussagen, die in dieser Dichte und Abstraktheit in keiner biblischen Schrift begegnen, wenngleich alle verwendeten Worte biblischen Ursprungs sind. Indem das Glaubensbekenntnis die Dialogform biblischer Rede durch die Urteilsform ersetzt, ist es seiner Form nach Philosophie, mag sein Inhalt und sein Beginn mit dem »credo« auch »Glaube« sein. Es erhebt seinen Inhalt zu einem Wissen, das allem anderen Wissen gewachsen zu sein beanspruchen muss. Daraus hat sich Verhältnis und Missverhältnis der Bekenntniswahrheit zu anderen Formen des Wissens bis auf den heutigen Tag entwickelt. Denn der darlegenden und argumentierenden Philosophie tritt das Glaubensbekenntnis konstatierend entgegen, es hat alle kritischen Fragen, die der philosophischen Tradition eingeboren sind, hinter sich gelassen, es teilt nur noch Resultate der gedanklichen Kämpfe mit, die ihm vorausgegangen sind.

1.3 Die Zwei-Naturen-Lehre des Konzils von Chalkedon

Sachlich stellt das Glaubensbekenntnis Christus in den Mittelpunkt, wobei das schon von Johannes ebenso intensiv wie lehrhaft ausgesprochene Verhältnis des Sohnes zum Vater zu immer neuen Formulierungen treibt. Wenn im Nicaenum die Göttlichkeit des Sohnes eine gewisse Präponderanz zu besitzen scheint, so ist damit doch nur ein Gleichgewicht hergestellt zu der ganz unzweifelhaften, dem griechischen Ohr völlig ungöttlichen Menschlichkeit Jesu, wie sie in dem »hat gelitten« ausgesprochen wurde. Wer aber hat gelitten? Der, von dem gesagt war, »Gott von Gott, Licht vom Licht, wahrer Gott vom wahren Gott«? Ist einmal die menschliche Natur als Leiden ausgesagt, ist aber von Christus als Sohn Gottes auch sein Gottsein auszusagen, so stellt sich fast von selbst die Frage nach der menschlichen und göttlichen Natur Christi, damit aber die Frage nach ihrem Verhältnis. Was als eine theosophische Spitzfindigkeit erscheinen könnte – ob in der einen Person Christi zwei Naturen, eine menschliche und eine göttliche zu unterscheiden seien –, stellt sich in seinem sachlichen Kern vielmehr als eine nähere Bestimmung des durch die Inkarnation neu gewordenen Verhältnisses von Gott und Mensch dar. Die Lehre von der Inkarnation besagt, dass Gott in Christus Mensch geworden ist. In Christus hat Gott sich festgelegt, in ihm ist die Stellung Gottes zu den Menschen verändert; stand er bisher ihnen noch gegenüber, so lebt er jetzt unter ihnen. Weil jede Aussage über das Verhältnis der beiden Naturen Christi das Verhältnis Gottes zu allen Menschen mitbestimmt, weil jede in der doppelten Gefahr steht, sei es Gottes Hoheit, sei es Gottes Menschennähe misszuverstehen, deswegen ist der Streit um diese Aussagen zugleich von höchstem Ernst und – unabschließbar. Vor die Aufgabe gestellt, das durchaus prekäre und vielleicht auch philosophisch undurchdringliche Geheimnis der Menschwerdung Gottes richtig auszusagen, hat das Konzil von Chalkedon (451) die bemerkenswerteste Formulierung gefunden, die als eine Denkaufgabe die weitere Tradition nicht nur christlichen Gottesdenkens, sondern auch die des ihm folgenden, den Menschen in den Mittelpunkt rückenden Denkens entscheidend mitbestimmt. In der Lehre von Chalkedon, so lässt sich mit von Harnack sagen, hat die griechische Kirche »das Wesen des Christentums als Geheimnis und als enthülltes Geheimnis zugleich«[10] dargelegt.

Es sind vier negative Aussagen, in die das Chalcedonense das Verhältnis der zwei Naturen Christi fasst. Diese Naturen seien ἀσυγχύτως – unvermischt, ἀτρέπτως – unverwandelt, ἀδιαιρέτως – ungetrennt und ἀχωρίστως – ungeschieden[11]. Was ist in diesen Bestimmungen erreicht? Das ist am leichtesten im Rückgang auf die johanneische Grundformel, λόγος σάρξ ἐγένετο – das Wort ward Fleisch, der Logos ist Mensch geworden (Joh 1,14), zu zeigen, deren Auslegung letztlich die gesamte dogmatische Bewegung bis hin zum Chalcedonense trägt. Wird der Logos Fleisch, so sind auf einer ersten Ebene drei Möglichkeiten zu erwägen, wie dies geschieht: Der Logos ist *Fleisch* geworden, d. h. er ist verschwunden, das Fleisch, das Logos war, ist geblieben – aber dann wäre Jesus nur Mensch, Gott wäre zwar Mensch geworden, aber nicht Gott geblieben. Oder der (göttliche) *Logos* ist Fleisch geworden, das Fleisch ist in ihm aufgezehrt, vergottet – dann wäre Jesus nur Gott, Gott wäre zwar Gott geblieben, aber nur scheinbar Mensch geworden, eine wirkliche Menschwerdung wäre ihm missglückt. Oder, drittens, Logos und Fleisch hätten sich zu einem Dritten verbunden, einem Wortfleisch oder einem Fleischwort – dann wäre Jesus weder Gott noch Mensch und Gott wäre weder Gott geblieben noch Mensch geworden.

Mit diesen drei Formen sind zunächst die logischen Möglichkeiten erschöpft – das Geheimnis der Menschwerdung hätte sich als logisch unaufschließbar oder als widersinnig herausgestellt. Es macht zunächst die Stärke der in Chalkedon gefundenen Formel aus, dass sie alle drei (logischen) Möglichkeiten abgewiesen hat. Damit ist der Horizont der einfachen Logik überwunden und das Denken vor die Aufgabe gestellt, eine komplexere Logik zu erfinden. Zugleich ist die theologische Möglichkeit erhalten geblieben, das von Johannes bezeugte Geheimnis, der wahre Gott wird wahres Fleisch, wahrer Mensch, auszusagen. Denn indem Gott Mensch wird, bleibt er Gott und wird doch Mensch. Der Christus des Glaubens vereinigt die wahre Gottheit und die wahre Menschheit in sich, beide sind seine Natur, also hat er zwei Naturen. Ihrer Integrität dienen die beiden ersten Formulierungen der chalcedonensischen Formel: unvermischt und unverwandelt seien die Naturen; abgewiesen wird also die Auffassung, eine der beiden Naturen (damals wäre es unweigerlich die menschliche gewesen, heute ebenso unweigerlich die göttliche) verliere ihren Charakter, sei es, indem sie in der anderen (durch Vermischung wie das Wasser im Wein) aufgehe oder gar zu einem dritten mixtum compositum würde, sei es, indem sie selbst sich in das andere verwandle. Zugleich also wahrer Gott und wahrer Mensch, unvermischt und unverwandelt – aber entstehen so nicht zwei Christusse? Ein Gottchristus und ein Menschenchristus, der eine für die Wundertaten und die Auferstehung, der andere für Leiden und Tod verantwortlich? Dem wehrt der zweite Teil der Formel, Gott und Mensch sind wirklich in dem einen Christus beisammen, untrennbar und ungeschieden. Dann aber kommt der Gottchristus nicht erst später hinzu, etwa bei der Taufe Jesu, sondern ist von Anfang an vorhanden. Von der Geburt an ist der wahre Gott dem wahren Menschen verbunden; deswegen ist Maria Theotokos, Gottgebärerin. »Den aller Himmel Himmel nicht umschloß, / Der liegt nun in Mariä Schoß« singt ein altes Lied, Hegel zitiert es[12]. Aber auch später macht sich der Gottchristus nicht etwa fort, wenn es an die Kreuzigung geht, nur dem Menschen das Sterben überlassend. Nein, der wahre Gott, der wahrer Mensch ist, stirbt mit. »O grosse Noht! Gott selbst ligt todt« singt ein lutherisches Kirchenlied, Hegel zitiert es[13].

In der Knappheit und Zurückhaltung, die einem Glaubensbekenntnis zukommen, schützen alle vier Begriffe des Chalcedonense das Geheimnis der Menschwerdung davor, zu einfach, zu flach und damit verfälscht ausgesagt zu werden. Mit dem Menschen Jesus ist so wenig etwas für die Versöhnung mit Gott zu gewinnen, wie mit dem Gott Christus für die Nähe Gottes zum Menschen. Gott ist reicher als der kahle Verstand, der Gott Gott und den Menschen den Menschen sein lassen möchte. In Christus offenbart sich Gott als der, der schlechthin ohne den Menschen nicht sein will und kann, ungetrennt und ungeschieden; in Christus ist der Mensch in seinem wahren Wesen erschienen, als der, der nicht leben kann ohne Gott.

Das Chalcedonense überliefert ein Geheimnis, indem es Grenzen es auszusagen überliefert. Damit ist das Positive des Geheimnisses ebensowohl seiner ursprünglich biblischen Aussage wie der weiteren Entwicklung des nachdenkenden Glaubens überlassen. Am wenigsten noch hat sich das Chalcedonense dem »geworden« der johanneischen Aussage gewidmet. Hier, wo es darum geht, dass Gott dieser individuelle, geschichtliche Mensch Jesus von Nazareth, dass er der Immanuel *wird*, ist der Zukunft noch ein Denkweg aufgegeben.

2. Die abendländische Aufnahme des Christusereignisses

2.1 Augustin (354–430)

Augustins Denken ist vorchalcedonensisch. Doch war ihm die altüberlieferte Christologie Tertullians (Christus ist Eine Person in zwei Substanzen) selbstverständlich. Sein das abendländische, lateinische Gottesdenken begründende Werk ist hier wichtig, weil es in den »Confessiones« das Verhältnis der kirchlichen Lehre zur Philosophie zur ausdrücklichen Entscheidung bringt. Augustin, selbst Schüler der neuplatonischen Philosophie, legt dar[14], was die profilierteste zeitgenössische Philosophie von Gott zu sagen weiß. Das ist nicht wenig. Sie kennt Gott, sie kennt auch den Sohn Gottes. Gott hat alles geschaffen, »in ihm ist das Leben und das Leben war das Licht der Menschen«[15]. Insoweit hat sie den gleichen Boden wie die biblische Lehre, sie ist Hinführung zu Gott. Aber sie weiß nicht, dass Gott »in sein Eigentum kam und die Seinen ihn nicht aufnahmen«[16], sie weiß nicht, dass das Wort Fleisch geworden ist und unter uns gewohnt hat, »verbum caro factum est et habitavit in nobis«[17]. So zieht Augustin die Grenze philosophischer Gotteserkenntnis exakt und scharf, indem er ihr einen Namen gibt: Sie weiß nichts von Christus. Christus aber, der von sich selbst gesagt hat, »ich bin der Weg« (Joh 14,6), ist der Weg der Demut, die »via humilitatis«[18]. Die Wahrheit Gottes ist diese via humilitatis. Gott hat diesen Weg durch seine große Barmherzigkeit »demonstriert«[19], Christus ist ihn vorausgegangen, er ist dieser Weg. Wer die Wahrheit sucht, ist an diesen Weg gewiesen, denn Gott widersteht den Hochmütigen[20]. Unter dem Begriff des Hochmuts fasst sich für Augustin alles zusammen, was die philosophische Gotteserkenntnis leistet. Sie ist selbständige Erkenntnis des Menschen und sie nimmt, was ihr so von Gott bewusst wird, als das Ganze seiner Wahrheit. Deshalb will sie sein barmherziges Entgegenkommen, seinen Weg der Demut nicht wahrhaben. Sie müsste dann sein Tun als Bedingung ihrer eigenen Erkenntnis annehmen, sie müsste selbst den Weg der Demut gehen. Aus dem Hochmut als dem Ursprungsfehler der Philosophie folgen alle anderen Fehler der philosophischen Gotteserkenntnis. Indem sie ihr Denken Gottes als das Ganze ausgibt, das es doch nicht ist, da das Ganze sich erst in dem in seinem Sohn Fleisch werdenden Gott vollendet, behauptet sie den Teil als das Ganze und sagt damit die Unwahrheit, »die, die von sich sagen, sie seien weise, machen sich zum Narren«[21].

Das lässt sich im offenen Streit mit der philosophischen Überlieferung zeigen; es lässt sich zeigen, insofern man ihre Bedingungen, einen Streit auszutragen, anerkennt. Aber auf diesem Boden erfährt man noch nicht, was die via humilitatis des christlichen Gottes zum Namen führt, »der über alle Namen ist«[22]. Das lässt sich nur in seiner Verehrung erfahren. Von ihr aus legt Augustin sein Buch an. Niemals kommt die Philosophie mit ihrer eigenen Sprache zu Wort; was sie an Gutem zu sagen hat, sagt Augustin mit Worten der biblischen, vor allem der johanneischen und paulinischen Tradition. Nur die heilige Schrift, so gibt er zu verstehen, ist Beleg für die Wahrheit einer Aussage, und wahr ist nur, was dieser heiligen Schrift entspricht. Doch nicht das allein. Das eigentlich Ungeheure der Confessiones ist die Tatsache, dass sie von Anfang bis Ende als Gebet gestaltet sind. Das Wort Jesu, »wenn ihr betet, sollt ihr nicht viel plappern wie die Heiden« (Mt 6,7), war an Augustin verschwendet. Er ist der Heide der viele Worte macht. Er erzählt sein Leben bis in Einzelheiten, bis zum Singsang des Kinderpieles, »nimm und lies, nimm und lies – tolle lege, tolle lege«[23], als Gebet. Denn er weiß, dass Gott sich auch »aus dem Munde der Unmündigen und Säuglinge Lob zugerichtet hat« (Ps 8,3; Mt 21,16). So schlägt er das heilige Buch auf, just an der Stelle, die sein Leben wandeln sollte. Jedes Detail seines Lebens versteht er als eine fortgesetzte Führung durch Gott. Er traut sich zu, im Rückblick eine Lebensbeichte abzulegen, in der alles, was er für alle Menschen und Zeiten seiner Muttersprache anvertraut, vor dem Angesicht Gottes als Gespräch mit ihm, als Gebet zu ihm, als Anbetung vor ihm erscheint. Darin ist begründet, dass Augustin, der als ein von Christus, von der überlegenen Wahrheit der heiligen Schrift überwundener Philosoph in die Weltgeschichte eintritt, diese verlässt als der Mann, in dessen Nachfolge die Kirche die Philosophie vergaß, deren Stätte nicht mehr gefunden ward[24].

Was Thomas von Aquin an aristotelischer Philosophie wiedergewinnt, musste er gegen Augustin erkämpfen, und wenn später der Augustiner-Eremit Luther erneut der Philosophie zugunsten der heiligen Schrift absagt, tritt er augustinisches Erbe an. Augustins Leistung ist der Prototyp eines Denkens, das eine freie, die christliche Botschaft verneinende Philosophie neben sich weiß. Sie ist darin moderner als die beiden folgenden Gestalten, die von der universalen Anerkennung des Christentums als eines weltgeschichtlichen Faktums, das sie als Existenz- und Denkvoraussetzung akzeptieren, ausgehen.

2.2 Thomas von Aquin (1224–1274)

Augustin schrieb im Raum des antiken Heidentums, der Überlegenheit des Christentums gewiss, in Anerkenntnis der Gotteserkenntnis der Heiden, aber mehr noch im Kampf gegen sie, die die entscheidende christliche Wahrheit, die via humilitatis, weder kannte noch kennen wollte. Thomas schrieb, da sich das Christentum im Abendland als allein herrschende Religion durchgesetzt hatte, ohne heidnische Gegner; aber er schrieb doch angesichts eines fortbestehenden Judentums und einer ebenso gebildeten wie mächtigen »neuen« monotheistischen Religion, des Islam.

Indem Thomas die »Summa theologiae«[25] in ihren beiden großen Hauptteilen Natur und Gnade[26] oder Schöpfung und Geschichte als Ausgang von Gott und Rückkehr zu ihm[27] konzipierte, ohne irgendwo das Heilswerk Christi konstitutiv zu machen[28], entwarf er eine »ökumenische« Theologie. Denn sein Verständnis Gottes, der Natur und der Geschichte beansprucht, dass es vom Judentum und vom Islam mitvollzogen werden kann, es versucht aller vernünftigen Natur des Erdkreises Genüge zu tun. Aber Thomas, der doctor generalis, wäre nicht der Lehrer der lateinischen Christenheit geworden, hätte er die Summe mit den beiden ersten Teilen beenden wollen. Der dritte Teil, der von Christus selbst, seinen Sakramenten und dem ewigen Leben[29] handelt, erscheint in gewisser Weise als ein Supplement der Christen und Heiden gemeinsamen Gotteserkenntnis, ähnlich dem Weg der Demut bei Augustin. In Wahrheit aber fordert der dritte Teil und in ihm insbesondere die Eucharistielehre eine Modifikation nicht nur der Lehre von der Gnade, sondern auch der ontologischen Grundkategorien. In der Schöpfung aus dem Nichts, dem Eintritt Gottes in die Geschichte in der Inkarnation und der Gegenwart Christi in der Eucharistie ist der natürliche Zusammenhang der Dinge durchbrochen und Gottes Gegenwart, das Mysterium des Glaubens, zu bedenken. Die vermitteltste, aber auch erstaunlichste Gestalt dieses Mysteriums ist die immer neue Gegenwart Christi in der Eucharistie[30], die göttliche Demut der Inkarnation setzt sich fort in der eucharistischen Demut Christi, in Brot und Wein selbst mit seinem Leib und Blut gegenwärtig zu sein.

Der Charakter der eucharistischen Gegenwart verdeutlicht sich, betrachtet man ihn zunächst von außen. In der Kommunion wird allen Kommunizierenden Brot und Wein gereicht. Von allen wird, was dem Glauben Leib und Blut Christi ist, äußerlich als Brot und Wein verzehrt. Es kommt auf die Stille dieses Geschehens an, in dem sich von außen gesehen gar nichts tut. Das ist entscheidend. Denn würde sich irgendetwas den Sinnen Zugängliches tun, so wäre Magie oder ein Trick im Spiel, niemals aber wäre ein durch zwei Jahrtausende hindurch täglich gefeiertes Geheimnis der Kirche anwesend. Es darf von außen gesehen sich gar nichts tun, denn die Sinne dürfen im Sakrament der Wahrheit (»sacramentum veritatis«[31]) nicht getäuscht werden[32]. Alles hängt insofern an den Worten: »Das ist mein Leib – hoc est corpus meum«[33]. Wären diese Worte leer, so wären sie überflüssig, richtiger aber Betrug. Wer das unterstellen wollte, wird keinen Zugang zur Eucharistie finden[34]. Sind sie aber wahr und bleiben die Sinne ungetäuscht, dann ist das Geheimnis der Eucharistie vorhanden – in voller Öffentlichkeit, an allen Orten und durch alle Zeiten der Kirche wiederholbar, immer neu Gegenstand des Genusses, der Meditation und der Anbetung[35].

Die Denkanstrengungen des Aquinaten in der Darlegung des eucharistischen Geheimnisses haben eine doppelte Prämisse: die Wahrheit der Worte Christi und die Integrität der ungetäuschten Sinne. Was besagen die Worte Christi, wenn das Brot – für die Sinne – Brot bleibt? Dann müssen sie das, was sich den Sinnen entzieht, betreffen, die Substanz, die

Washeit der Sache. Diese war vor Christi Worten die Substanz des Brotes, jetzt ist sie die Substanz seines Leibes. Eine Verwandlung (conversio) der Substanz hat stattgefunden[36], die, anders als alle natürliche Verwandlung[37] (»transmutatio naturalis«[38]), die Akzidentien oder Eigenschaften des Brotes unberührt gelassen hat; sie ist deswegen am besten als »transsubstantiatio«[39] zu bezeichnen. Thomas gibt den Sinnen die gleichbleibenden Akzidentien, dem Verstand (intellectus) aber gibt er die sich wandelnde Substanz[40]. Mit dieser Unterscheidung ist einem Glauben, der nicht gegen, sondern über der Vernunft ist, genug getan – kann aber auch das philosophische Denken zufrieden sein? Denn zweifellos löst Thomas hier die aristotelische Zusammengehörigkeit der Kategorien von Substanz und Akzidens auf. Akzidentien lassen auf ihre Substanz schließen und die Substanz lässt sich unabhängig von ihren Akzidentien gar nicht wahrnehmen[41]. Im konsekrierten Brot hingegen bestehen die Akzidentien ohne eigene Substanz (»substantia propria«[42]) und der substantiell vorhandene Leib ohne seine Akzidentien, er ist nicht in eigener Gestalt (»sub specie propria«[43]), sondern unter sakramentaler Gestalt (»sub specie sacramenti«[44]) vorhanden.

Die zu denkende Wahrheit der Sache inspiriert Thomas zu einer Erweiterung der philosophischen Kategorien. Die einfache Aussage Christi »das ist mein Leib« scheint zu verlangen, dass durch die Wandlung der ganze Christus (»totus Christus«[45]) unter dem Brot enthalten ist. Um dem gerecht zu werden, tritt die neue Lehre von der sakramentalen Kraft einerseits, der Konkomitanz andererseits ein[46]. Nicht nur die Substanz des Leibes Christi, sondern begleitend auch die Eigenschaften Christi seiner eigenen Gestalt nach sind in diesem Sakrament vorhanden[47]. Umgekehrt müssen die bleibenden Akzidentien des Brotes, da ihnen schon die Substanz fehlt, doch auf irgendetwas gegründet sein[48]. Die äußere, den Sinnen zugängliche Ausdehnung (»quantitas dimensiva«[49]) des Brotes tritt hier, indem sie, die doch selbst Akzidens ist, zum Subjekt und Fundament der anderen Akzidentien wird[50], ein. Und da das konsekrierte Brot auch die Wirkungen des Brotes hervorbringt, muss den Akzidentien eine nur durch göttliche Macht (»virtus divina«[51]) erklärbare substantielle Kraft (»vis substantiae«[52]) zugeschrieben werden, durch die sie wirken, was sonst das Brot kraft seiner substantiellen Form (»forma substantialis«[53]) wirkt. Die beiden ontologischen Neuerungen des Thomas hängen so direkt mit der Trennung von Substanz und Akzidens zusammen. Um der Substanz doch eine Quasi-Akzidentialität zu verleihen, wird die Lehre von der Konkomitanz, um den Akzidentien eine Quasi-Substantialität zu verleihen, wird die Lehre von ihrer – göttlich verliehenen – substantiellen Kraft erfunden. Das Resultat ist in philosophischer Hinsicht ein doppeltes: eine ebenso weit reichende Verselbständigung von Sinnlichkeit und Verstand einerseits, eine neue dichtere Bestimmung der Mitte zwischen ihnen andererseits. Die intellektuellen und die sensuellen Wahrnehmungen bilden je eigene Begrifflichkeiten aus, es entsteht ein Reich der Sinnlichkeit und ein Reich der Vernunft. Doch indem beide sich überschneiden, wird zugleich die Mitte zwischen Substanz und Akzidens dichter und vielfältiger als zuvor bestimmt, das Übersinnliche und das Sinnliche, Gott und Natur, Gott und Mensch sind durch eine neue Mitte verbunden.

Die ontologische Singularität des eucharistischen Geschehens ist begründet in der herausgehobenen Stellung der Eucharistie, des würdigsten der Sakramente[54]. Thomas denkt in der Lehre von der Eucharistie, wie der ganze Christus in die Gegenwart und in einen sichtbaren Ort eintritt, wie er geschichtlich und gegenständlich wird. Er denkt, wie die Wahrheit der Worte Christi sich bestätigt und dadurch die Wahrheit der Philosophie umwandelt, so, dass das endliche Wesen wunderbarerweise zum Gefäß des göttlichen wird – ohne dessen Erhabenheit anzutasten. Die mystische Gegenwart Gottes in der Natur hat in der mystischen Gegenwart Christi im gesegneten Brot eine konkrete, gleichsam anschauliche Gestalt. Sie macht einen Kosmos vorstellbar, dessen Mitte der menschgewordene Gott in der Gestalt des eucharistischen Leibes ist, zu dem alles Seiende als seine Glieder sich in Analogie bestimmt. Gegenwärtiger und universeller, als Thomas es vermochte, lässt sich der Christus als der Grund des Christentums schwerlich denken.

2.3 Luther (1483–1546)

Eine andere Wiedereinholung des Grundes des Christentums finden wir bei Luther, dem nicht die sakramentale Gegenwart Christi, wohl aber die bei Thomas vollzogene Versöhnung von Denken und Glauben zum Anstoß wird. Denn ist die Philosophie mit der Theologie versöhnt, dann fragt sich noch, wer die Oberhand behalten hat. Mit Entschiedenheit trennt Luther die Theologie wieder von ihrer philosophischen Begründung, indem er jene allein auf den Grund der heiligen Schrift stellt[55].

Luther ist der eminente Schrifttheologe des Abendlandes, der als solcher zum Vater der modernen Hermeneutik geworden ist[56]. Zum Reformator aber wurde er, weil er mit der Schrift eine neue Erfahrung der Nähe Gottes machte. Sie sprach nicht nur von der Barmherzigkeit Gottes, sie verkündigte vielmehr als ihr Evangelium die in Christus erschienene Gerechtigkeit Gottes (Röm 3,21), welche sich nicht in der Bestrafung der Sünder und der Belohnung der Gerechten manifestiert, sondern darin, dass die unter der Sünde eingeschlossenen Glaubenden gerechtfertigt werden allein aus Gnade durch das Erlösungswerk Christi. Nicht die aktive Gerechtigkeit, wie sie Gott in seinem Urteil und die Menschen in gerechten Werken tun, sondern die iustitia passiva, die Gott als Gnade schenkt und die von den Glaubenden empfangen wird, erkennt Luther als den Sinn von Röm 1,17. Der Gerechte wird aus Glauben leben; das heißt nicht etwa »iustus – ex fide vivit«, das heißt vielmehr »iustus ex fide – vivit«[57]. In der späten Abbreviatur und Verdichtung seiner theologischen Erfahrung im Vorwort zu seinen lateinischen Schriften schreibt Luther, dass er bei Paulus beharrlich wegen des Sinns der Gerechtigkeit Gottes in Röm 1,17 anklopfte, »bis ich, dank Gottes Erbarmen, unablässig Tag und Nacht darüber nachdenkend, auf den Zusammenhang der Worte aufmerksam wurde, nämlich: ›Gottes Gerechtigkeit wird darin offenbart, wie geschrieben steht: Der Gerechte lebt aus Glauben.‹ Da begann ich die Gerechtigkeit Gottes zu verstehen als die, durch die als durch Gottes Geschenk der Gerechte lebt, nämlich aus Glauben und daß dies der Sinn sei: Durch das Evangelium werde Gottes Gerechtigkeit offenbart, nämlich die passive, durch die uns der barmherzige Gott gerecht macht durch den Glauben, wie geschrieben ist: ›Der Gerechte lebt aus Glauben.‹ Da hatte ich das Empfinden, ich sei geradezu von neuem geboren und durch geöffnete Tore in das Paradies selbst eingetreten«[58].

Die beiden Eckpunkte dieses Textes sind die Schrifttheologie Luthers, der von sich mit Psalm 1,1 sagt, er habe Tag und Nacht über der Schrift meditiert, »meditabundus dies et noctes«[59], und der reformatorische Glaube Luthers, der Gottes Zuwendung in der rechtfertigenden Gnade, an Joh 3,5 erinnernd, wie eine Wiedergeburt erlebt, »renatum esse sensi«[60] – beides derart verbunden, dass Luther als Schrifttheologe zum Reformator geworden ist. Tag und Nacht die Schrift meditierend, wünscht er mit brennendem Durst zu wissen, »ardentissime sitiens scire«, was Paulus in Röm 1,17 zur Gerechtigkeit Gottes sagen wolle. An der Schrift macht er dann durch das Erbarmen Gottes die entscheidende Erfahrung, dass die Gerechtigkeit Gottes sich nicht als aktive oder vergeltende, sondern als passive, den Glaubenden rechtfertigende Gerechtigkeit vollendet[61]. Damit ist die Gerichtsdrohung, die das Gewissen des mittelalterlichen Mönchs ängstigte, verschwunden; Luther wurde diese Stelle des Paulus wahrhaft zur Pforte des Paradieses, »iste locus Pauli fuit vere porta paradisi«[62].

In seiner entscheidenden Einsicht, so stellte es sich dem späten Luther dar, sind Schriftstudium und Gotteserfahrung aufs engste verschränkt. Beides aber ist letztlich eine neue Erfahrung Christi. Denn erst als Schrift kommt das verbum incarnatum an sein Ziel, wird es ein gewisses tradendum für alle Menschen[63]; aus der Schrift aber tritt als das mündliche Wort die neuschaffende Gnade Christi, der durch seine Tat den Gottlosen rettet, hervor. Weil es um die Lauterkeit Christi geht, soll das Wort Gottes, wie es aus der Schrift spricht, jedem in seiner Sprache hörbar werden, das hat den Bibelübersetzer Luther bestimmt. Eben deswegen darf das biblische Wort weder der überlieferten Lehre noch einer menschlichen Lehrautorität unterworfen werden, vielmehr hat die Bibel die Kraft, sich gegen menschliches Vorurteil, den sensus proprius[64], durchzusetzen. Weil überall Christus in ihrer Mitte steht, überführt sie unmittelbar durch ihre innere Klarheit[65]. Autorität und Suffizienz der Schrift drücken sich schließlich darin aus, dass auch der Kanon ihrer Interpretation in ihr enthalten ist, sie ist ihre eigene Auslegerin, »sui ipsius interpres«[66]. Derart hat ein jeder in der heiligen Schrift einen eigenen, unmittelbaren Zugang zur höchsten Wahrheit; »wer Gott will hören reden, der lese die heilige Schrift«[67].

Mit dieser in der Schrift verliehenen Freiheit von fremder Autorität verband sich die andere Freiheit des rechtfertigenden Glaubens, dass Christi Werk dem Sünder schlechthin genug getan habe. Denn solange der Mensch mit seinem Werk vor Gott stehen soll, ist der Zweifel an der eigenen Zulänglichkeit prinzipiell unaufhebbar. Dann sind kirchliche Gnadenmittel unvermeidlich und kirchlicher Ablass erscheint schließlich als Mittel der Kirche, sich erbarmend vor Gottes Zorn zu stellen. Aber dem Zweifelnden muss Ablass auf Ablass folgen und ihn in einer unwürdigen, nämlich Gottes unwürdigen Abhängigkeit halten. Indem hingegen das Werk Christi »ohn all mein Verdienst« genug getan hat, steht das Tor zum Paradies offen – und die Werke der Liebe können aus Freiheit folgen. Bald genug musste Luther den Missbrauch solcher biblischen Unmittelbarkeit und freien Gnadengewissheit erfahren[68]; dennoch bleibt sein doppelter Impuls ebenso Voraussetzung des weiteren christlichen Nachdenkens wie eine bleibende Unruhe über das dem Denken überhaupt Erreichbare. Wenn und insofern heutiges Philosophieren auf eine hermeneutisch aufgeklärte Vernunft setzt, so hat sie Luther Entscheidendes zu verdanken.

Luther, so scheint es zunächst, hat die Brücken zur Philosophie abgebrochen. Die Behauptung von der »*Rechtfertigung der Gottlosen* um der *fremden* Gerechtigkeit Jesu Christi willen«[69], die Voraussetzung eines in hebräischer und griechischer Sprache geschriebenen Buches, das in seiner Wörtlichkeit offenbarte Wahrheit enthalten soll, hat wenig Einladendes für die Vernunft der Philosophen. Philosophische Vernunft will selbst das ihre finden, weder von einer fremden, der Vernunft unerreichbaren Gnade, noch von einem aller Vernunft vorausgesetzten Buch belehrt werden. Und doch ist die reformatorische Grundstellung bei Leibniz und Wolff, Kant und Lessing, Jacobi und Fichte, Hegel und Schelling in überwältigender Weise philosophisch fruchtbar geworden. Es ist, als hätte Luther das Grundparadoxon des Christentums auf eine so schlagende Weise aufs Neue formuliert, dass es einer Vielzahl von Denkanläufen bedurfte, um seine ganze Vernunftfruchtbarkeit herauszuarbeiten. Geschah das zunächst auf der Ebene allgemeiner Begriffe, die sich auf den Ursprung menschlichen Erkennens – ob es aus Vernunft oder Offenbarung entspränge – und auf den Ursprung menschlichen Handelns – ob es aus freiem Willen oder aus freier Gnade geschehe – bezogen, so schloss sich daran eine Wiedergewinnung der hermeneutischen Fragestellung an, die über Schleiermacher, den späten Schelling, Dilthey und Heidegger eine Denkform vorbereitet, die es zulässt, auf der Höhe gegenwärtiger Vernunft ein geschichtliches Werk, also auch das biblische, in seinem Wahrheitsgehalt[70] als unvergangen, gegenwärtig und zukünftig gültig aufzufassen.

3. Die moderne Reflexion des Christusereignisses

3.1 Kant (1724–1804)

Auch für die moderne Debatte um den Gottesbegriff hat Kant »den Grund gelegt«[71]. Das geschah zweifellos weniger in einer positiven Untersuchung, gar aus christlichen Quellen, als vielmehr in einer entschiedenen Distanznahme zum überlieferten ontologischen Begriff eines Gottes, der als ens perfectissimum seine neuzeitliche Karriere hinter sich hatte. Kant zeigte, dass die menschliche Vernunft nicht in der Lage ist, die Existenz dieses Vernunftbegriffs festzustellen; so wurde aus dem existierenden Gott der Tradition das transzendentale Ideal als ein notwendiges Postulat der Vernunft. Der menschlichen Vernunft ist eigentümlich, dass ihr einerseits das Postulat Gottes notwendig ist, sie andererseits seine Existenz nicht feststellen kann. Kant ist der Erste, der auf diese ausweglose Lage der menschlichen Vernunft stößt, in der sie »ohne Schuld«[72] ist. Denn als Vernunft sieht sie sich »durch Fragen belästigt (...) die sie nicht abweisen kann, denn sie sind ihr durch die Natur der Vernunft selbst aufgegeben, die sie aber auch nicht beantworten kann, denn sie übersteigen alles Vermögen der menschlichen Vernunft«[73]. Der Kern dieser Aporie ist die Differenz der »*Natur* der Vernunft« und der »*menschlichen* Vernunft«. Menschlich ist die Vernunft, indem sie nur erkennen kann, was ihr durch die Sinnlichkeit, die Anschauung, gegeben wird. Der Natur der Vernunft aber entsprechen reine Erkenntnisse; »reine Verstandeserkenntnis«[74] ist apriori auf Erfahrung bezogen, reine Vernunft hingegen verlangt übersinnliche Gegenstände, Gott, Freiheit und Unsterblichkeit. Einer göttlichen Vernunft könnten wir das Vermögen zuschreiben, auch diese Gegenstände durch eine intellektuale Anschauung zu erkennen, nicht aber der menschlichen, der eine übersinnliche Existenz unzugänglich und nur sinnliche Existenz gegeben ist. Die »obersten Bedingungen«[75] unserer Sinnlichkeit aber, derentwegen uns andere als sinnliche Gegenstände nicht gegeben werden können, »sind und bleiben für uns unerforschlich«[76].

In dieser Verlegenheit kommt der menschlichen Vernunft zu Hilfe, dass sie im praktischen Gebrauch eine andere Stellung hat. Weil Vernunft hier unbedingte Forderungen stellt, ist auch dasjenige, was Bedingung dieser Forderungen ist, unbedingt. Ist die unbedingte Forderung das Sittengesetz, die Bedingung seiner ganzen Erfüllung aber Gott und Unsterblichkeit, so dürfen wir für beide als Postulate einer unbedingt gebietenden Vernunft »objektive Realität«[77] voraussetzen, »es ist moralisch notwendig, das Dasein Gottes anzunehmen«[78]. Das Sittengesetz wird Kant so zur Quelle, den Menschen auch wegen seiner Hoffnungen zu beruhigen.

Seit der »Grundlegung« hat Kant allerdings ein wechselndes Verhältnis zu der Frage, ob die menschliche Vernunft auch die Aufgabe habe, die Frage »Was dürfen wir hoffen?«, also die Frage nach Gott und Unsterblichkeit, zu beantworten – oder ob es ausreiche, die Frage »Was sollen wir tun?« zu beantworten. Es scheint, als sei Kants gesamtes Alterswerk vom Schwanken in dieser Frage bestimmt. Mit ihrer Beantwortung aber entscheidet sich die Frage nach der Religion. Genügt dem Menschen zu wissen, was er tun soll, gleich was dabei herauskommt – »Was brauchen sie [sc. die Menschen] den Ausgang ihres moralischen Tuns und Lassens zu wissen, den der Weltlauf herbeiführen wird?«[79] –, so braucht er keine Religion. Kann der Mensch die Frage, was aus seinem sittlichen Tun folgt, aber nicht umgehen, so führt Moral »unumgänglich zur Religion«[80].

Kants Religionsschrift ist aus dieser Einsicht erwachsen. In ihr bestimmt Kant den Begriff der menschlichen Freiheit realistischer als in irgendeiner anderen seiner Schriften. Menschliche Freiheit ist nicht durch Einflüsse der Sinnlichkeit, sie ist durch sich selbst gefährdet, und sie hat sich kollektiv immer auch als Kampf der Freiheit gegen das Böse, das aus ihr entspringt, durchzusetzen. Einer solchen Freiheit ist Religion, reine Vernunftreligion, unumgänglich. Religion führt nicht nur zur Verbindung aller Gutgesinnten zu einem »ethischen gemeinen Wesen«[81], sie führt auch zu einer kritischen Reinigung aller überkommenen Religion. Reine Vernunftreligion lebt immer schon in einer überlieferten Religion, in die der Begriff einer reinen Religion, wenngleich für die Vernunft verborgen, schon gelegt ist. In dieser Stellung stößt die Vernunft auf die Voraussetzung ihres eigenen kritischen und reinigenden Tuns in einem »Faktum«[82] der Geschichte: Der Lehrer reiner Moral, der »Stifter«[83] einer Tugendreligion muss schon gewirkt, das Zeugnis von ihm muss durch die Zeiten schon tradiert sein, damit in aufgeklärter Zeit der Keim reiner Religion enthüllt werden kann. Dazu hätte es ohne dieses – der Vernunft vorausgesetzte – Faktum der Geschichte nicht kommen können. Damit ist zugleich die Existenz der Religion als Bedingung ihrer vernünftigen Beschränkung anerkannt.

So sah sich Kant vor die Frage gestellt, ob die Religion, die *innerhalb* der Grenzen der bloßen Vernunft bestehen kann, dazu taugt, eine Religion *aus* bloßer Vernunft zu werden. Letztere hätte die vernünftige Urkunde der Religion aller Menschen selbst zu schreiben und den vernünftigen Kultus selbst festzusetzen. Kant hat sich dieses Experiment und die vorauszusehende Blamage seines Scheiterns erspart. Der Verzicht darauf ist ihm vermutlich faktisch, nicht aber theoretisch leicht gefallen. Denn er war mit dem entscheidenden Zugeständnis verbunden, dass reine Vernunft keine Quelle der Religion ist. Reine Vernunft kann nur die Bedingungen der Vernünftigkeit einer allgemeinen Religion angeben; das Buch einer zukünftigen Religion zu schreiben und ihren Kultus einzurichten muss sie sich verweigern[84].

Kant prüft die Suffizienz einer apriorischen Vernunft und kommt zu der Überzeugung, dass sie überall hinreicht – wenn sie keine Religion braucht. Braucht sie aber eine, dann ist sie, obwohl sie über einen reinen Religionsbegriff verfügt, zugleich darauf angewiesen, dass Religion, die sich auf diesen Begriff bezieht, schon da ist. Die Existenz der Religion ist der einzigartige Fall der Aposteriorität reiner Vernunft. Das Dasein der Religion, die den Lehrer der reinen Religion, Christus, schon voraussetzt, bestimmt die Grenze apriorischer Vernunft. Vernunft kommt zur Religion, weil Religion schon Existenz hat. Das ist der Satz, den Kant mitvollziehen könnte; dass aber (kantische) Vernunft nur zu sich selbst kommt, weil Religion Existenz hat, das würde er bestreiten. Woher sie ist, muss sie nicht wissen – es genügt, dass sie sich selbst genug ist, alles aus sich zu prüfen.

3.2 Hegel, Schelling, Heidegger

Würde man das Resultat des kantischen Nachdenkens nicht in der Religionsschrift, sondern in der Tugendlehre der »Metaphysik der Sitten« finden, so könnte man es dahin zusammenfassen, dass der Mensch aus reiner Vernunft apriori alles zu erfahren vermag, was der Mensch wissen muss, dass diese Vernunft allen Menschen jederzeit durch die Natur des Menschen zukommt, dass durch sie der Mensch im Prinzip religionsunbedürftig und eigentlich auch -unfähig ist. Im kantischen Apriorismus wäre so der reine Gegensatz zum Christentum erreicht. Denn das Christentum überliefert die geschichtliche Individualität Christi in einem sprachlichen Dokument einer aposteriorischen Vernunft mit dem

Anspruch, sowohl das Heil der Menschen wie auch das wahre Selbstverständnis der Vernunft hänge von dem Ergriffenwerden durch diese Botschaft ab. Kants Vernunft ist apriorisch, allgemein, übergeschichtlich und außersprachlich, christliche Vernunft aposteriorisch, individuell, geschichtlich und sprachlich verfasst. Es wird zu zeigen sein, wie in der Auseinandersetzung mit Kant bei Hegel, Schelling und Heidegger die Elemente einer Vernunft, die das christliche Grundereignis als Wahrheit verstehen kann, wiedergewonnen werden. Denn Hegel hat noch auf dem Boden des Apriorismus die Individualität als Kategorie entfaltet, Schelling den Aposteriorismus der Vernunft als Bedingung des geschichtlichen Verständnisses der Existenz aufgewiesen und Heidegger die hermeneutische Verfasstheit einer Vernunft, die im Durchgang durch sprachliche Zeugnisse ihrer Geschichte das Wahre sagen kann, ins Licht gerückt.

Hegel (1770–1831)

Kant hatte die Frage nach einer intelligiblen Existenz gestellt – und verneint, dass die menschliche Vernunft eine solche erkennen könne. Diese Schwierigkeit kennt Hegel, der im Durchgang durch Kant, Spinoza, Fichte und den frühen Schelling zu seiner eigenen Philosophie fand, nicht, Philosophie müsse vielmehr »wieder Gott (...) an die Spitze der Philosophie (...) stellen«[85]. Mit Fichte und Schelling war er dessen gewiss, dass der intelligible Gegenstand in einer intellektuellen Anschauung gegeben werde.

Aber so wäre Gott doch nur als das Gegebene einer Anschauung, also als absolutes Objekt gedacht. Gott ist aber ebensosehr absolutes Subjekt, richtiger noch: Gott ist die absolute Identität von Subjekt und Objekt. Aus der Entwicklung der Identität der Differenz von Subjekt und Objekt entspringt Hegel der Geistbegriff, wie er ab 1804/05 erkennbar wird und in der »Phänomenologie des Geistes« voll ausgebildet ist. Zwei Einsichten führen in sein Zentrum. Zum einen ist die Identität von Subjekt und Objekt nicht denkbar ohne die Negation des Subjekts wie des Objekts, zum andern muss diese doppelte Negation als Identität, als mit sich zusammengeschlossen gedacht werden; dieser Zusammenschluß aber ist der Geist selbst. »Der Geist hat (...) sich als die Idee ergeben, deren Objekt ebensowohl als das Subjekt der Begriff ist. Diese Identität ist absolute Negativität«[86]. Umgekehrt ist die »entwickelte wahrhafte Wirklichkeit«[87]

der Idee, »daß sie als (...) Geist ist«[88]. In Hegels Geistbegriff ist die herkömmliche Ontologie, die ihre Kategorien als verschiedene nur nebeneinanderstellt und in ihrer Vollzahl zu versammeln versucht, überwunden zugunsten einer durch Negation sich vermittelnden Entwicklung der Identität aller Kategorien. Damit hat Hegel das Instrumentarium gewonnen, die Differenz der chalcedonensischen Formel als differente Einheit, das Abendmahl als Übergang von Sache und Geist und das Verhältnis des Allgemeinen zum Einzelnen als das sich im Einzelnen vollendende Allgemeine zu denken.

Hier kann nur der letzte Punkt kurz betrachtet werden. Einem Denken, dem das Allgemeine zur allein geltenden Form des Denkens wird – wie Kant es mit der reinen Vernunft ausgebildet hatte –, muss die Behauptung der Inkarnation Gottes in einem einzelnen Menschen als Provokation erscheinen. Das Dogma des Christentums hat deswegen auch immer neue Anläufe gemacht, Jesus, obgleich einzelner Mensch, als in der allgemeinen Idee irgendwie mitenthalten vorzustellen. Hegels Geistbegriff, der von vornherein eine größere Flexibilität als der überlieferte Gedanke der Idee hat, denkt alles Allgemeine als sich in der Individualität vollendend. Gott ist einzig – das hatte bereits Spinoza gelehrt, Hegel ist es eine Gewissheit. Wenn aber gilt, »Gott ist Geist«, dann ist er »unendliche – Unterscheidung seiner von sich selbst«[89]. Er ist schon an sich Allgemeinheit als Einzelheit. Aber was Gott an sich oder im Element des Gedankens ist, das wird er auch in Wirklichkeit. In der Inkarnation wird die Einzelheit Gottes konkret. Es gilt »darüber sich Rechenschaft geben und ein Bewußtsein haben«[90], dass Gott, weil er Geist ist, »nur in diesem Einzelnen«[91] da ist. »Dies Individuum ist dies einzige – nicht einige – In Einem – Alle«[92]. Das ist für Hegels Begriff die vernünftige Form, wie sich, erwägt man die Alternativen, zeigt. Wäre Gott nur allgemein, bliebe er ewig nur ein Anderes als jeder Mensch. Aber auch eine mehrfache Inkarnation bliebe unzulänglich; »an Einigen wird die Göttlichkeit zur Abstraktion«[93]. Gerade auf die »individuelle Subjektivität«[94] dessen, in dem Inkarnation geschieht, kommt es an, »einmal ist allemal«[95]. Weil Gott Geist ist, vollendet er sich erst in der Fleischwerdung, verbum caro factum est, deswegen aber in diesem Einzelnen, dem Fleischgewordenen. Gottes Realität hat ihren Höhepunkt in der Inkarnation. »Vollendung der Realität – zur unmittelbaren Einzelheit – der schönste Punkt der christlichen Religion – erst die Verklärung der Endlichkeit zur Anschauung gebracht«[96]. Hier wird die menschliche Natur, die kein Mensch anders als in »unmittelbarer Einzelheit« leben kann, vollkommen ernst genommen. Diese endliche Natur ist im Inkarnierten ebenso verklärt wie zur Anschauung gebracht.

Zweifellos ist es der eine Geist, der in der endlichen Natur des Menschen und in der unendlichen Natur Gottes derselbe bleibt. In der chalcedonensischen Formel betont Hegel das »ungeschieden« und »ungetrennt«, die gleiche Subjektivität als unendliche Selbstunterscheidung verbindet die menschliche und die göttliche Natur. Aber auch das »unvermischt« und in gewisser Hinsicht auch das »unverwandelt« kann er mitsagen. Denn endliche und unendliche Natur bleiben unterscheidbar. Doch liegt Hegel daran, näher an der johanneischen Theologie als am Chalcedonense orientiert, das Werden der göttlichen zur menschlichen Natur auszusagen. Dass in dieser Verwandlung die göttliche und die menschliche Natur gleichwohl unverwandelt bleiben, lässt sich nur an sich aussagen, beide verlieren nicht ihren Charakter. Dennoch haben sie eine Beziehung zueinander erhalten, durch die beide Naturen andere geworden sind; weniger zu sagen hieße, hinter der Grundformel »das Wort ward Fleisch« zurückzubleiben. Ist aber die johanneische Aussage »Ich und der Vater sind eins« (Joh 10,30) nicht erst eingeholt, wenn mit Hegel gesagt wird, dass sich das göttliche Selbstbewusstsein erst im menschlichen vollendet? Hegel weiß diese Aussage sehr genau von der anderen zu unterscheiden, dass das menschliche Selbstbewusstsein, weil es erst als göttliches sich vollende, ein gottsetzendes Bewusstsein sei. Die »Religion als Subjektivität (...) ist vielmehr Aufhebung der Religion«[97]. Nicht das menschliche Bewusstsein setzt Gott – so wäre er nur Produkt des Bewusstseins und nicht Gott –, vielmehr entäußert sich dieses Bewusstsein seiner selbst, indem Gott sich in ihm als absolutes Bewusstsein setzt[98]. Hegels Begriff Gottes als Geist enthält die Denkbarkeit der chalcedonensischen Formel im Lichte des johanneischen Einen. Diese vernünftige Nähe Gottes und des Menschen, der in seiner Individualität betont wird, ist der Hegel'sche Beitrag zur philosophischen Selbstverständigung des Christentums.

Schelling (1775–1854)

Schellings Anfrage an Hegel kann in einem einzigen Satz zusammengefasst werden: Denkt Hegel, was er Individualität nennt, wirklich als geschichtliche Existenz? Es geht nicht nur um die Individualität des Menschen, die als ein Moment seines Wesens begriffen werden könnte, es geht um die geschichtliche Existenz des einmaligen, in seinem Namen vereinzelten Menschen. Wie ist denkbar, dass Gott in Jesus von Nazareth sich inkarniert hat? So stellt sich die wirkliche Frage, in welcher ebensowohl die aus der Idee unableitbare Existenz wie die apriori unerfassbare Geschichte mitgedacht wird. Hat Hegel nicht immer noch, wenngleich radikal erweitert, im Kreis apriorischer Bestimmungen gedacht? Muss nicht alles, was Existenz, d. h. Existenz in der Zeit, geschichtliche Existenz hat, immer schon dasein, bevor es gedacht werden kann? Dann aber hat die Vernunft eine aposteriorische Stellung zu ihm. Apriori kann die Vernunft bis zum Gedanken Gottes aufsteigen, aber Gottes Offenbarung hat für sie eine unvordenkliche Existenz, nur die geschichtliche, aposteriorische Vernunft nimmt diese Offenbarung aus der Erfahrung auf und denkt sie. Erst diese dem Positiven zugewandte Philosophie, die Schelling daher auch die positive Philosophie nennt, kann die geschichtliche Offenbarung Gottes als solche – das heißt eben aposteriori, nachträglich – erkennen.

Für Schelling gilt nicht mehr, dass die Offenbarung allen Menschen kraft ihrer Natur zugänglich und in diesem Sinne allgemein sein müsse, dass der historische Ort und die historische Zeit überlieferter Offenbarung nur ein zufälliger Umstand sein dürfe und die wahre Offenbarung ewig sei. An die Stelle des metaphysischen Begriffs der Offenbarung mit seinen Postulaten der Allgemeinheit, Einheit und Ewigkeit ist ihr historischer Begriff getreten; entsprechend formuliert Schelling die Forderungen an einen Begriff der wirklichen, d. h. geschichtlichen Offenbarung: »Das Verhältnis, in welchem das menschliche Bewußtsein in der Offenbarung gedacht wird, ist weder ein *ursprüngliches*, noch ein *allgemeines*, auf alle Menschen sich erstreckendes, noch ein *ewiges*, *bleibendes* Verhältnis: dieses Verhältnis kann also nur auf einem faktischen, empirischen, und daher auch nur zugezogenen Zustand des Bewußtseins beruhen.«[99]

Ersichtlich zielt Schelling mit diesem Begriff der Offenbarung auf die Menschwerdung Gottes ab, welche nicht Menschwerdung schlechthin, sondern die im Menschen Jesus von Nazareth geschehene ist. Es kommt auf diesen wirklichen, empirisch einzelnen Menschen an. Aber nun gilt es zu unterscheiden, da das Empirische als Empirisches vergeht wie alles Empirische. Würde es rein als Empirisches genommen, könnte es nicht für alle Menschen von Bedeutung sein. Zu denken, wie ein geschichtlich Individuelles Allgemeinheit haben kann, ist die letzte Frage an eine geschichtliche Philosophie. Für sie ist »das Individuelle (...) das Prius, das Allgemeine das Posterius.«[100] Damit ist die metaphysische Philosophie, für welche »der Weg vom Allgemeinen zum Individuellen ging«[101], in ihrem Prinzip aufgehoben. Die geschichtliche Philosophie fragt vielmehr, wie es möglich ist, »daß das Allgemeine das Mitgesetzte des Individuellen sei«[102], sie betrachtet »die Art und Weise, wie das Allgemeine dem Individuellen verknüpft ist, wenn es nämlich mit ihm gesetzt ist«[103]. In der empirischen Existenz des Jesus von Nazareth ist die Menschwerdung Gottes mitgesetzt, das enthält die These eines »höheren Geschichtlichen«[104], welches gerade dasjenige ist, auf welchem das Christentum »eigentlich beruht«[105]. »Der wahre Inhalt des Christentums ist eine Geschichte, in die das Göttliche selbst verflochten ist, eine göttliche Geschichte.«[106]

Indem Schelling als Erster die geschichtliche Existenz als Prius, in dem ein Allgemeines mitgesetzt sei, dachte, ist er der Vater der modernen Existenzphilosophie wie der Geschichtsphilosophie geworden. Indirekt aber hat er auch die hermeneutische Philosophie vorgedacht. Denn dieser wird die geschichtliche Existenz der Wahrheit als Sprache, in eminenten Texten, gegeben und gegenwärtig.

Heidegger (1889–1976)

Dem späten Heidegger ist zu verdanken, dass die Bindung des Logos an die Sprache philosophischen Ernst gewonnen hat. Die Wendung Schellings zum geschichtlichen Philosophieren vollzieht Heidegger insofern mit, als für ihn der Mensch wesentlich geschichtlich ist. Nicht nur die menschliche Vernunft, die menschliche Existenz ist aposteriori, bezogen auf das, was ihr voraus ist. Deswegen ist dem späten Heidegger das Denken wesentlich nicht mehr ein von sich selbst her anfangendes, sondern ein empfangendes, es kommt von der Erfahrung des Hörens her. »Die eigentliche Gebärde des Denkens ist (...) das Hören«[107]. Das hörende Denken hört die »Zusage«[108]. Was sich dem Menschen aber »zusagt«[109], entlässt ihn »in sein Eigenes«[110], damit er dem Gehörten entgegnet. Dieses Entgegnen ist »das Lauten des Wortes. Das entgegnende Sagen der Sterblichen ist das Antworten. Jedes gesprochene Wort ist schon Antwort:

Gegensage, entgegenkommendes, hörendes Sagen«[111]. So ist die aufbehaltene Tradition menschlichen Redens wesentlich Antwort in einem ursprünglichen Gespräch, in dem der Mensch von allem Anfang an steht. Heidegger nennt das Gegenüber, auf das der Mensch antwortet, Sein. Es ist leicht zu sehen, dass hier nicht das griechische, das unbewegte und wahrlich sprachlose Sein gemeint sein kann, sondern dass dieses Sein das sich aussprechende göttliche ist, wie es in biblischer Erfahrung seit ältester, adamitischer, noachitischer, abrahamitischer Zeit gehört wird. Weil der Mensch in einem ursprünglichen Gespräch mit Gott gründet, ist seine Situation eine hermeneutische. Denn »das Hermeneutische [ist] nicht erst das Auslegen, sondern vordem schon das Bringen von Botschaft und Kunde«[112], Kunde nämlich vom »Geschick«[113], wie Heidegger sagt, Kunde vom Göttlichen. Steht doch Hermes, der Bote der Götter, hinter dem »hermeneuein«, das »jenes Darlegen [ist], das Kunde bringt, insofern es auf eine Botschaft zu hören vermag«[114]. Hören, Auslegen und Antworten auf einen Zuspruch, eben das Hermeneutische, ist das Grundgeschehen menschlichen Seins. Es vollzieht sich als ein dem Zuspruch Entsprechen. Philosophieren ist das »eigens vollzogene Entsprechen«[115], es »hört auf die Stimme des Zuspruchs«[116]. Damit ist das Philosophieren bei Heidegger als eine späte Frucht der Denkgeschichte an eine geschichtliche, hermeneutische Vernunft überwiesen. Heidegger aufnehmend und fortführend, wird sich sagen lassen, dass dieser Vernunft das Wahre nicht nur im gedachten, sondern ebenso im gedichteten[117] wie vor allem im heiligen Text begegnet.

4. Schlussbetrachtung

Hegel, Schelling und Heidegger haben den Horizont eines modernen, nachmetaphysischen, geschichtlichen Denkens eröffnet, für das auch die ewige Wahrheit einen individuellen, geschichtlichen und sprachlich bestimmten Ort hat, mit Nietzsche zu reden: »Ich, Plato, *bin* die Wahrheit«. Dieses Denken ist weniger die Verabschiedung der metaphysischen Tradition als die Bereitschaft, sich mit neuer Unbefangenheit den Texten der Tradition als Dokumenten des Wahren zuzuwenden. Wenn es nicht möglich ist, Gott aus reiner Vernunft apriori zu konstruieren, wenn es auch nicht nötig ist, da ein anderer als der überlieferte und geglaubte Gott letztlich des vernünftigen Nachdenkens auch nicht bedarf, dann ist es der Vernunft nicht nur erlaubt, sondern geboten, das Wahre – Gottes wie des Menschen – zuerst in der Vergegenwärtigung geschichtlicher Erfahrung zu finden. Die aus der geschichtlichen Selbstkritik einer apriorischen Vernunft herkommende, moderne hermeneutische Vernunft versteht sich als lernende Vernunft, die den Gehalt und die Maßstäbe ihres Denkens aus der Überlieferung, insbesondere der Erfahrung des eminenten Textes[118], gewinnt. Aus solcher Erfahrung mit sich selbst bekannt geworden, ist sie zugleich kritisch. Alles Überlieferte ist ihr gegeben, doch nicht alles ist gleich wichtig. In ihrer Freiheit auszulegen, bleibt sie souverän; Freiheit aber ist nicht Titel der Willkür, sondern der Suche nach Verbindlichkeit. Die Behauptung des Kanonischen kann hermeneutischer Vernunft weder imponieren noch ihre Bereitschaft schmälern, mit dem Text eine Erfahrung zu machen. »Mit etwas eine Erfahrung machen heißt, daß jenes, wohin wir unterwegs gelangen, um es zu erlangen, uns selber belangt, uns trifft und beansprucht, insofern es uns zu sich verwandelt«[119]. Wo solche Verwandlung geschieht, hat sich der Text als ein heiliger erwiesen. Dieser Erweis ist der materiale Grund, ihn durch Kategorien wie den locus classicus oder das Kanonische auszuzeichnen. In seiner individuellen, geschichtlichen Gestalt bezeugt der Text das Heilige durch seinen Gehalt, sachlich durch die Größe des Gegenübers, auf das er hörend antwortet, dem er sich aussetzt, widersetzt und fügt, und methodisch durch die unbedingte Zuverlässigkeit, mit der er bei seiner Sache bleibt. Keine gegenwärtige Vernunft könnte Richterin eines Textes wie etwa des Deuteronomiums, des Psalters, des Johannesevangeliums oder des Römerbriefes sein; vielmehr gerät eine jede, die sich selbst versteht, zunächst unter die Maßstäbe dieser Texte, die allererst zu denken sind[120]. Diesem Denken aber kann es geschehen, dass es sich neu empfängt als eines, dem alles gegeben ist (1 Kor 3,22).

Das Wahre ist individuell (Hegel), es ist als geschichtliche Existenz der Vernunft gegeben (Schelling), das Geschichtliche wird gegenwärtig wahr im Hören und Auslegen des überlieferten Textes (Heidegger). Eben dadurch aber ist die der Moderne zugängliche conditio humana ausgezeichnet. In dreifacher Weise ist der moderne Mensch aus dem Apriorismus einer zweitausendjährigen Vernunftgeschichte ausgezogen. Er ist nicht zuerst allgemein, sondern individuell, er ist ewigen Wesens nur insofern er in die geschichtliche Zeit gestellt ist, und er äußert sich nicht in intelligiblen (vernünftigen) Formen, sondern nach dem Maß der Sprachen, die ihm heimatlich geworden sind. Ihm tritt als sein glaubwürdiges Gegenüber, in dem er sich erkennen kann, ein ebensolcher Mensch entgegen, vere homo, der wahre Mensch. Erkennt man, dass nirgends das Allgemeine als solches existiert, dass kein Wahrheitsanspruch anders denn in der Form einer sprachlich verfassten geschichtlichen Existenz auftreten kann, dann fällt auch die immer vorausgesetzte allgemeine Maßstäblichkeit des gegenwärtigen Denkens dahin und es wird der Weg frei, die Zeugnisse des vergangenen Denkens, der philosophischen ebenso wie der poetischen und religiösen Tradition, in ihrem Dasein und ihrem zu vergegenwärtigenden Wahrheitsanspruch ernst zu nehmen. Apriori kann weder ein Satz der Vernunft noch ein Glaube an das Heilige das Überlieferte in den Rang der Wahrheit heben. Aber in der Erfahrung des Wortes, im Lesen des Textes, im Durchgang durch die von ihm beanspruchte Sache erweist sich immer neu, dass gültig von Gott nur dort gesprochen wird, wo ihn ein Text an der Grenze des Sagbaren unvergleichlich bezeugt. Hörbar bleibt das Wahre im Aufschrei »Mein Gott, mein Gott, warum hast du mich verlassen« (Ps 22,1) ebenso wie in der ruhigen Gewissheit »Ich und der Vater sind eins« (Joh 10,30). Der Schöpfer der Welt, der Herr der Natur und Herr der Geschichte, der allmächtige, allgütige, allwissende Gott hat sich begreifbar, anschaubar gemacht, indem er als der Sohn »unter das Gesetz getan« (Gal 4,4) ist. Der in seinem zerbrechlichen Menschenleib, in seiner individuellen Gestalt, wie er aus den Evangelien dem Leser entgegentritt, sich darstellende Gott, der unter das Gesetz der Zeit, des Ortes, des Schriftwortes getane Gott ist auch der Moderne authentisch. Ist es ein Mangel, wenn die Moderne hingegen den Gott, der als ens entium und summum bonum ausgesagt wurde, vor allem der Erinnerung überliefert? Wer freilich diese Erinnerung vergessen wollte, könnte auch den incarnatus nicht mehr als Gott denken.

Philosophieren heißt nicht Philosophie überliefern, sondern sich dem Wahren stellen, gleich, wie es beansprucht. Philosophie begegnet dem Christentum, indem sie auf seine Wahrheit, den Christus nach der Schrift, stößt und sich auf ein Gespräch einlässt. In ihm gilt es, das fragende Hören auf das Wahre auszuhalten. Nicht die erworbene Sicherheit des Eigenen, sondern die Unbekanntheit des Anderen ist dem Gespräch maßstäblich. Ein Denken, dem nichts zu schwierig und kein Weg zu weit ist, weiß sich hier vor seine eigenste Aufgabe und auf seinen eigensten Weg gestellt.

1   Friedrich Wilhelm Joseph Schelling, Philosophie der Offenbarung, Zweiter Teil (1840), Sämtliche Werke, hg. von K. F. A. Schelling, Tübingen : Cotta 1856–1861, Bd. XIV, S. 358–9.

2   Die Bibelzitate sind nach der die deutsche Sprache und Kultur prägenden Lutherübersetzung gegeben. Am herangezogenen Ort Joh 19,20 hatte die lateinische Tradition ebenso wie der griechische Mehrheitstext die oben genannte Reihenfolge der Sprachen. Das heute aufgrund der ältesten und besten Textzeugen edierte Novum Testamentum graece hat hingegen die Reihenfolge Hebräisch, Römisch, Griechisch.

3   Das weltgeschichtliche Wunder bzw. die weltgeschichtliche Tatsache der Ausbreitung des Christentums in einer philosophisch überlegenen Kultur und einer ablehnenden bis feindlichen Machtordnung harrt noch immer einer plausiblen Erklärung. Gibbons Werk »The decline and fall of the Roman Empire« (1776–1788) war der erste große Versuch der Neuzeit, die Ausbreitung des Christentums zu erklären – durch den Verfall des römischen Reiches. Tatsache ist aber, dass das römische Reich zur Zeit der Geburt Christi sich auf der Höhe befand, eine Höhe, die es erst im 3. Jahrhundert verlieren sollte. Eine befriedigende Erklärung müsste gerade an der Überlegenheit der hellenistischen Kultur und der juridisch durchdachten, auf einen Weltfrieden, die pax romana, abzielenden römischen Machtausübung ansetzen.

4   Wäre Jesus nicht der Christus, der von Gott Gesalbte, hätte er sich als solcher nicht auch verstanden und dies in einer seiner Erwählung entsprechenden Weise seine Jünger wissen lassen, so müsste man annehmen, die Jünger und Evangelisten hätten die Messianität Jesu erfunden. Das ist eine alte These, die heute niemanden mehr erschrecken sollte, zumal eine solche Erfindung noch um einiges wunderbarer wäre, als dass Jesus selbst sich als Sohn Gottes wusste.

5   Der geschichtliche Christus ist nicht der historische Jesus. Letzterer ist ein Kunstprodukt der modernen kritischen Exegese. Daran hat sich seit dem Vortrag Kählers (Martin Kähler, Der sogenannte historische Jesus und der geschichtliche, biblische Christus, Leipzig : Deichert 1892) nichts geändert, sind es doch immer dieselben Texte der Evangelien, die die historisch-kritische Forschung für ihre immer neuen Hypothesen verwendet. Die Evangelien wollen aber keine historischen Berichte liefern, sie wollen den geglaubten Christus, den Sohn Gottes, verkünden. Kähler schreibt: »Ich leugne, daß es der Zweck der Evangelien sei, als Urkunde für eine wissenschaftlich hergestellte Biographie Jesu zu dienen. Weder haben sie sich einen solchen Zweck selbst gesteckt, noch darf Kirche oder Theologie ihnen diesen Zweck als den ihnen wesentlichen aufdrängen. Ihr Zweck ist, Glauben an Jesum durch anschauliche Verkündi-

gung seiners Heilandstätigkeit zu wecken. An diesem Zwecke gemessen, halte ich sie für durchaus vollkommen«, Martin Kähler, Der sogenannte historische Jesus und der geschichtliche, biblische Christus, hg. von Ernst Wolf, München : Kaiser 1961[3], S. 104[23–31]. Es kommt auf die Wirklichkeit Christi an, die nicht einfach ein historisches Datum ist, »der wirkliche, d. h. der wirksame Christus, der durch die Geschichte der Völker schreitet (...) ist der gepredigte Christus. Der gepredigte Christus, das ist aber eben der geglaubte«, S. 44[8–15]. Demzufolge ist das biblische Zeugnis »Urkunde für den Vollzug der kirchengründenden Predigt«, S. 103[2–3].

6   Die Kirche ist die Überlieferung der heiligen Schrift.

7   Die Grunddaten für alle vier großen Tatsachen gehen aus den neutestamentlichen Quellen hervor. Diese enthalten Reflexionen über die heiligen Schriften, die ihre Sammlung vorbereiten, Grundformen des Glaubensbekenntnisses, Hinweise auf feste liturgische Stücke gottesdienstlichen Gebrauches und die ersten Formen einer gemeindlichen Ämterordnung (Phil 1,1; Eph 4,11); vgl. Hans Freiherr von Campenhausen, Die Entstehung des Neuen Testamentes, Tübingen : Mohr 1968, Reinhart Staats, Das Glaubensbekenntnis von Nizäa-Konstantinopel, Darmstadt : Wissenschaftliche Buchgesellschaft 1996, Josef Andreas Jungmann, Missarum Sollemnia. Eine genetische Erklärung der römischen Messe, Bd. 1, Wien : Herder 1948, Hans Freiherr von Campenhausen, Kirchliches Amt und geistliche Vollmacht in den ersten drei Jahrhunderten (1953), Tübingen : Mohr [2]1963.

8   »Das Auswendiglernen des Symbols ist altkirchliche und pädagogisch begründete Sitte«, woraus eine besondere Handlung des Ritus erwachsen ist, »die Traditio Symboli, bei der das Symbol den Hörern feierlich vorgesprochen wurde, damit sie den Wortlaut behalten konnten, und nach acht Tagen die Redditio Symboli, das Aufsagen des Textes durch jeden Einzelnen«, Hans Lietzmann, Geschichte der Alten Kirche, Bd. 4, Die Zeit der Kirchenväter, Berlin : de Gruyter 1944, S. 90[20–26].

9   Aus liberal-protestantischer Sicht stellt Harnack lakonisch fest: »Es ist der Gang der Dinge, der sich in der Religionsgeschichte immer wiederholt: vom Glaubensgedanken zum philosophisch-theologischen Lehrsatz, und vom Lehrsatz, der *Erkenntnis* verlangt, zum Rechtssatz, der *Gehorsam* fordert«, Adolf von Harnack, Lehrbuch der Dogmengeschichte, 2. Bd. Die Entwicklung des kirchlichen Dogmas I, Tübingen : Mohr [4]1909, S. 314[7–10].

10   Adolf von Harnack, Das Wesen des Christentums, Leipzig 1900, S. 146[21–22].

11   Der Text findet sich bei Harnack, a. a. O. (Anm. 9), S. 395[6–19]. Dort ist auch die komplizierte Vorgeschichte nachzulesen, nicht aber eine angemessene Würdigung des Resultates, das Harnack mit der Bemerkung abtut, es handle sich um eine Formel, »die letztlich lediglich dialektischen Ursprungs war« und nur »kahle, negative vier Bestimmungen« enthalte (S. 398[12–13] u. 397[11–12]).

12   Georg Wilhelm Friedrich Hegel, »Systemfragment von 1800« (Titel von Nohl), in: Hegels theologische Jugendschriften, hg. von Herman Nohl, Tübingen 1907, S. 343–351, hier S. 349[10–11].

13 Zuerst in: Georg Wilhelm Friedrich Hegel, Glauben und Wissen oder die Reflexions-
philosophie der Subjectivität, in der Vollständigkeit ihrer Formen, als Kantische, Fich-
tesche, und Jacobische Philosophie, 1802, in: Gesammelte Werke 4, Jenaer Kritische
Schriften, hg. von Hartmut Buchner und Otto Pöggeler, Hamburg : Meiner 1968,
S. 315–414, hier S. 414[1]. Später nimmt Hegel das Wort »Gott selbst ist todt« als »eine ungeheure fürchterliche Vorstellung« in sein religionsphilosophisches Vorlesungsmanu-
skript von 1821 auf, Georg Wilhelm Friedrich Hegel, Religions-Philosophie (1821), Gesammelte Werke 17, Vorlesungsmanuskripte I (1816–1831), hg. von Walter Jaeschke,
Hamburg : Meiner 1987, S. 265[10–11], vgl. auch die Anmerkung dazu S. 417.

14 Vgl. Confessiones VII,9; hier zitiert nach Augustinus, Confessiones, lateinisch und
deutsch, übersetzt von Joseph Bernhart, München : Kösel 1955, 1966[3], vgl. besonders zum
7. Buch, Karlheinz Ruhstorfer, Die Platoniker und Paulus. Augustins neue Sicht auf das
Denken, Wollen und Tun der Wahrheit, in: Norbert Fischer und Cornelius Mayer (Hg.),
Die Confessiones des Augustinus von Hippo, Freiburg-Basel-Wien : Herder 1998, S. 283–341.

15 »in eo vita est et vita erat lux hominum«, a. a. O., S. 328[26–27].

16 »in sua propria venit et sui eum non receperunt«, a. a. O., S. 330[4–5].

17 A. a. O., S. 330[12–13]: »Das Wort ist Fleisch geworden und hat unter uns gewohnt.«

18 A. a. O., S. 328[15].

19 »demonstrata sit«, a. a. O., S. 328[14].

20 »resistas superbos«, a. a. O., S. 328[12–13].

21 »dicentes se esse sapientes stulti fiunt«, a. a. O., S. 332[19].

22 »nomen, quod est super omne nomen«, a. a. O., S. 330[23–24].

23 A. a. O., S. 414[16–17].

24 Zu dem, was nach »dem Eintritt der antiken Kultur in die enge Zelle des Mittelalters« (S. 38)
dennoch an Philosophie überliefert wurde, vgl. Josef Pieper, Scholastik. Gestalten und Probleme der mittelalterlichen Philosophie, München : Kösel 1960 (München : dtv 1978).

25 Im Folgenden nach der Ausgabe zitiert: Thomas, Summa theologiae (1267–1273) (zitiert als ST), 5 Bände, Madrid 1951–1952, [3]1961–1965; Seitenzahlen der zweispaltigen
Ausgabe sind in Klammern hinzugefügt.

26 Marie-Dominique Chenu, Das Werk des Hl. Thomas von Aquin, Heidelberg : Kerle und
Graz-Wien-Köln : Styria 1960, S. 352[18].

27 A. a. O., S. 351[20].

28 Vgl. a. a. O., S. 355[20]–356[7]; vgl. auch Wilhelm Metz, Die Architektonik der Summa
Theologiae des Thomas von Aquin, Hamburg : Meiner 1998, S. 311[7–18].

29 ST III, prol.

30 Vgl. ST III,75,8, ad 3; III,78,4: »conversio panis et vini in corpus et sanguinem Christi est
opus non minus miraculosum quam creatio rerum, vel etiam formatio corporis Christi in utero virginali«.

31 ST III,75,5; III,77,1; III,77,7.

32 Vgl. ST,77,7: »in hoc sacramento veritatis sensus non decipitur circa ea quorum iudi-
cium ad ipsum pertinet«.

H. FOLKERS

33 Von Thomas meist nach der Überlieferung des Matthäus zitiert, z. B. ST III,78,1.

34 Sei es auch, dass diese Unterstellung die mildere Form annähme, Christi Worte besagten lediglich, »dies (sc. Brot) bedeutet meinen Leib«. Denn Christus sagt nicht, seht, ich erfinde euch eine neue Metapher für das Brot, welche Erfindung seiner Lage nicht angemessen wäre, sondern er sagt ganz einfach: dies ist mein Leib – welches Wort er in seiner Einfachheit und Abgründigkeit den Jüngern zum Verständnis anvertraut. Gleich darauf aber verwendet er eine Metapher (richtiger eine Metonymie), indem er sagt: dieser Kelch, womit dieser Wein gemeint ist, damit zugleich das Unmetaphorische der Worte, dies ist mein Leib, andeutend, vgl. Thomas, ST III,78,3.

35 Vgl. ST III,78,6.

36 »Tota substantia corporis Christi et sanguinis continetur in hoc sacramento post consecrationem, sicut ante consecrationem continebatur ibi substantia panis et vini – Die ganze Substanz des Leibes Christi und des Blutes ist in diesem Sakrament enthalten, wie vor der Konsekration dort die Substanz des Brotes und des Weines war« ST III,76,1; vgl. ST III,75,8.

37 S. c. gent. IV,63, vgl. ST III,75,4.

38 ST III,75,8.

39 ST III,75,4; III,75,8.

40 ST III,76,7: »Corpus Christi (...) perceptibile est (...) solo intellectu – Der Leib Christi ist nur der Vernunft wahrnehmbar«.

41 »Per accidentia iudicamus de substantia – durch die Eigenschaften urteilen wir über die Substanz«, ST III,75,5; »sed ratio nostra habet ortum a sensu – aber unser Verstand hat seinen Ausgang im Sinn«, ST III,75,5.

42 ST III,76,7.

43 ST III,76,8.

44 ST III,76,8.

45 ST III,78,6.

46 ST III,76,4.

47 ST III,76,4; (626 l 33–36). Thomas hat den Widerspruch zum Ausgleich zu bringen, dass einerseits die räumliche Ausdehnung von der Substanz des Leibes (Christi) nicht getrennt werden kann, andererseits die räumliche Ausdehnung des Brotes nach vollzogener Konsekration erhalten bleibt. Er löst ihn so auf, dass einerseits »ex vi sacramenti« die Wandlung direkt nur auf die Substanz des Leibes Christi, nicht aber auf seine Ausdehnung geht (»conversio [...] terminatur directe ad substantiam corporis Christi, non autem ad dimensiones eius«) – insoweit also findet vi sacramenti doch eine Sonderung von corpus und quantitas dimensiva statt –, andererseits »ex vi realis concomitantiae« die ganze räumliche Ausdehnung der Leibes Christi und alle seine anderen Eigenschaften (»tota quantitas dimensiva corporis Christi, et omnia alia accidentia eius«) vorhanden sind. Indem die vis sacramenti die Inseparabilität von Körper und Ausdehnung zugunsten der Erhaltung der Ausdehnung des konsekrierten Brotes, das doch nur seinen Akzidentien nach noch vorhanden ist, außer Kraft setzt, macht

sie die Lehre von der vis realis concomitantiae notwendig, damit der bloßen Substanz des Leibes Christi seine Ausdehnung mitfolgen kann. Die sakramentale denudatio a quantitate corporis Christi wird durch die reale Konkomitanz wieder ausgeglichen. Die logische Notwendigkeit der sakramentalen denudatio ist ein Schritt über die aristotelische Untrennbarkeit von res corporalis und quantitas dimensiva hinaus, mit dem eine Form der Idealität des Raumes für Thomas denknotwendig geworden ist, vgl. Wilhelm Metz, Raum und Zeit bei Thomas von Aquin, in: Miscellanea Mediaevalia, Bd. 25, hg. von Jan A. Aertsen und Andreas Speer, Raum und Raumvorstellungen im Mittelalter, Berlin, New York : de Gruyter 1998, S. 304–313, hier S. 311. Metz bemerkt: »Die ontologischen Bestimmungen werden an ihnen selbst spekulativ theologisch fundiert, welche explizite Fundierung diese Bestimmungen ebenso akzentuiert wie transformiert« (S. 313[17–23]).

48 ST III,77,2 (635 l 40–41).

49 ST III,77,2.

50 ST III,77,2 (635 l 13–15) und III,76,8 (632 l 2–3).

51 ST III,77,3 (636 r 43–44; 637 l 17).

52 ST III,77,5 (640 l 48).

53 ST III,77,3 (637 l 20–21).

54 Vgl. ST III,65,3: »sacramentum Eucharistiae est potissimum inter alia sacramenta – das Sakrament der Eucharistie ist das würdigste unter den anderen Sakramenten«.

55 Luthers »ganzes theologisches Denken vollzieht sich als die vielgestaltige Auslegung der heiligen Schrift«, Albrecht Beutel, Erfahrene Bibel. Verständnis und Gebrauch des verbum dei scriptum bei Luther, Zeitschrift für Theologie und Kirche 89 (1992), S. 302–339, hier S. 303[26–27].

56 Immer noch grundlegend: Karl Holl, Luthers Bedeutung für den Fortschritt der Auslegungskunst (1920), in ds., Gesammelte Aufsätze zur Kirchengeschichte, Bd. I, Luther, Tübingen : Mohr, 4. u. 5. Aufl. 1927, S. 544–582.

57 Norbert Müller, Luthers Gerechtigkeitsverständnis und die Problematik einer politischen Ethik, in: Reformation und Neuzeit. 300 Jahre Theologie in Halle, Berlin : de Gruyter 1994, S. 323–356, hier S. 336[17].

58 Martin Luther, Vorrede zum ersten Band der Wittenberger Ausgabe der lateinischen Schriften Luthers (1545), WA 54, 179–187; hier in der Übersetzung von Gerhard Ebeling zitiert nach: Martin Luther, Ausgewählte Schriften, hg. von Karin Bornkamm und Gerhard Ebeling, Bd. I, Frankfurt am Main : Insel 1982, S. 12–25. Der lateinische Text ist zitiert nach Martin Luther, Vorrede zu Band I der Opera Latina der Wittenberger Ausgabe (1545), Luthers Werke in Auswahl, hg. von Otto Clemen, 4. Bd., Berlin : de Gruyter [6]1967, S. 421–428.

59 A. a. O., S. 427[35].

60 A. a. O., S. 428[1].

61 Die Lutherforschung hat viel Energie darauf verwandt festzustellen, inwiefern die Luther überlieferte Lehre von der iustitia dei tatsächlich als aktive oder richtende Ge-

rechtigkeit verstanden worden war; vgl. dazu Holls Resultat, dass in der Tradition Gerechtigkeit im eigentlichen Sinne, in dem sie die Gutes wie Böses vergeltende Gerechtigkeit ist, das Erste und Letzte bleibt, »im Jüngsten Gericht hat sie (...) allein das Wort«. Luthers Entdeckung bestand nach Holl darin, dass Gott seine Gnade nicht »an seiner Gerechtigkeit vorbei« schenkt, sondern »durch seine Gerechtigkeit hindurch«, Karl Holl, Die iustitia dei in der vorlutherischen Bibelauslegung des Abendlandes (1921), in: ds., Gesammelte Aufsätze zur Kirchengeschichte, Bd. III, Der Westen, Tübingen : Mohr 1928, S. 171–188, hier S. 185[7–8] und S. 188[8–9]. Jedenfalls wird man sagen dürfen, dass erst Luther erkannte, dass die Gerechtigkeit Gottes sich gerade als gnädige Rechtfertigung vollendet. Da Gott aber vor allem anderen durch seine Gerechtigkeit ausgezeichnet ist, wird die derart verstandene Gerechtigkeit Gottes, die iustitia dei passiva, wie Luther sie nennt, zum entscheidenden materialen Kriterium des Verständnisses der heiligen Schrift.

62 A. a. O. (Anm. 58), S. 428[10].

63 So sehr Luther den mündlichen Charakter des Evangeliums preist, es sei ein »gut Geschrei, davon man singet saget und fröhlich ist«, Martin Luther, Vorrede auf das Neue Testament (1522), in: Heinrich Bornkamm (Hg.), Luthers Vorreden zur Bibel, Göttingen : Vandenhoeck und Ruprecht 1989, S. 167–172, hier S. 168[8], so hat er doch auch den Wert der Schrift betont; schon Paulus zeige, »daß kein Bestand ist, unsere Lehre und Glauben zu erhalten, denn das leiblich oder schriftliche Wort«, WA 36; 500,31–32 (1532), vgl. Beutel, a. a. O. (Anm. 55), S. 311[38–40]. Da für alle späteren Generationen das mündliche »gut Geschrei« den schriftlichen Bestand des Wortes zur unabdingbaren Voraussetzung hat, ist auch das mündliche Wort erst im schriftlichen zum Ziel gekommen, die incarnatio vollendet sich als »inlibratio« – freilich nicht, um als Buch zum Wahrheitsbesitz, sondern um aufs Neue zum lebendigen, das Herz verwandelnden Wort Gottes zu werden; vgl. dazu Stählin: »Es ist ein weiter, aber folgerichtiger Weg, der von der *inspiratio* zur *incarnatio* und über die *inverbatio* zur *inlibratio* (zur Buchwerdung) Gottes führte«, Wilhelm Stählin, Deus dixit. Besinnung über das »Wort Gottes«, Quatember 30 (1965/66), S. 8–11; 60–62; 118–121; 162–164, hier S. 119[26–28].

64 Zum »sensus bzw. spiritus proprius« eindringlich Mostert. Die Schrift kehrt »durch ihre Sprachlichkeit unseren Geist selbst um, indem sie das Hören vor dem Denken nicht bloß verlangt, sondern schafft«. Das Hören und Empfangen des Schriftwortes wird Luther »zur höchsten Form der Tätigkeit«, Walter Mostert, Scriptura sacra sui ipsius interpres. Bemerkungen zum Verständnis der heiligen Schrift durch Luther, Luther-Jahrbuch 46 (1979), S. 60–96, hier S. 64[21], 68[25–27] und 61[10]; vgl. auch Beutel, »Rechte Schriftauslegung besteht darin, den eigenen Geist, wie den Geist anderer Ausleger abzuwehren und eben dadurch den Geist des Textes hörbar zu machen«, a. a. O. (Anm. 55), S. 315[2–5].

65 »Tolle Christum e scripturis, quid amplius in illis invenies?« (Nimm Christus aus der Schrift, was willst du weiter in ihr finden?) WA 18; 606,29 (1525), vgl. Gerhard Ebeling,

Luther und die Bibel (1967), in: ds., Lutherstudien, Bd. I, Tübingen : Mohr 1971, S. 286–301, hier S. 293[38–39]; vgl. auch »die Schrift hat nit mehr denn Christum und christlichen Glauben in sich«, WA 8; 236,18, vgl. Holl a. a. O. (Anm. 56), S. 559[36]. Auch Luthers exegetisches Verfahren ist von dieser Einsicht bestimmt, Luther stellt »den *buchstäblichen* Sinn« der Schrift fest, indem er ihn »*auf Christus* bezieht«, S. 546[12–13].

66 WA 7; 97,22f; »scriptura [est] (...) ipsa per sese certissima, facillima, apertissima, sui ipsius interpres, omnium omnia probans, iudicans et illuminans«. Dazu Mostert, a. a. O. (Anm. 64). Nach dem Vorbild der als sui ipsius interpres verstandenen sacra scriptura hat sich die bei Schleiermacher beginnende allgemeine Hermeneutik entwickelt, die nun einen jeden eminenten Text als den Kanon seiner eigenen Interpretation liest.

67 WA 54; 263,14f (1545); vgl. Beutel, a. a. O. (Anm. 55), S. 307[8–9].

68 Schon 1529 schreibt Luther, dass die, die Christen heißen, nun, da »das Evangelium kommen ist, dennoch fein gelernt haben, aller Freiheit meisterlich zu mißbrauchen«, Martin Luther, Enchiridion. Der kleine Katechismus D. Mart. Lutheri für die gemeine Pfarrherrn und Prediger (1529), in: Die Bekenntnisschriften der evangelisch-lutherischen Kirche, hg. im Gedenkjahr der Augsburgischen Konfession 1930, Göttingen : Vandenhoeck und Ruprecht [8]1979, S. 499–542, hier S. 502, l. Sp. 7–9.

69 Albrecht Peters, Rechtfertigung, Gütersloh : Mohn 1984, S. 23[3–4].

70 Es ist ein bleibendes Verdienst Benjamins, den Wahrheitsgehalt auch der Werke der Kunst – bis hin zum Roman – anzuerkennen und ihn philosophisch zu deuten, Walter Benjamin, Goethes Wahlverwandtschaften (1924/25), in: Gesammelte Schriften, Bd. I, hg. von Rolf Tiedemann und Hermann Schweppenhäuser, Frankfurt am Main : Suhrkamp 1974, S. 123–201; vgl. etwa S. 125[12]–126[10].

71 Siehe zu diesem Goethewort Karl Löwith, Von Hegel zu Nietzsche, Stuttgart : Kohlhammer 1950, S. 207[7–34]; vgl. auch vom Vf., Ein Tag im Leben Goethes und sein Wort zur neueren Philosophie, in: Jahrbuch des Freien Deutschen Hochstifts 1998, S. 36–67.

72 Immanuel Kant, Kritik der reinen Vernunft (1781, 1787), in: Werke in sechs Bänden, hg. von Wilhelm Weischedel, Bd. II, Wiesbaden : Insel 1956, S. 118.

73 A. a. O., S. 11[2–7].

74 A. a. O., S. 107[5].

75 A. a. O., S. 544[1–2].

76 A. a. O., S. 544[2–3]. Kant hat einen starken Begriff des Unerforschlichen, über dessen Höhe der Vernunft »notwendig schwindlicht wird« (a. a. O., S. 596[15]), der seinen Grund in der unerfoschlichen Trennung von Vernunft und Sinnlichkeit hat.

77 Immanuel Kant, Kritik der praktischen Vernunft (1788), in: Werke in sechs Bänden, hg. von Wilhelm Weischedel, Bd. IV, Wiesbaden : Insel 1957, S. 103–302, hier S. 267[30].

78 A. a. O., S. 256[25–26].

79 Immanuel Kant, Die Religion innerhalb der Grenzen der bloßen Vernunft (1793), in: Werke in sechs Bänden, hg. von Wilhelm Weischedel, Bd. IV, Wiesbaden : Insel 1957, S. 645–879, hier S. 654[33–35].

80 A. a. O., S. 652[19].

H. FOLKERS

81 A. a. O., S. 755[16-17]. Mit diesem Wort benennt Kant seinen Begriff einer moralischen Kirche, vgl. dazu vom Vf., Der Begriff der Kirche in philosophischer Sicht. Der Ansatz Kants und Hegels, in: Gerhard Rau, Hans-Richard Reuter und Klaus Schlaich (Hg.), Das Recht der Kirche, Bd. I, Zur Theorie des Kirchenrechts, Gütersloh : Kaiser, Gütersloher Verl.-Haus 1997, S. 76–125.

82 A. a. O., S. 827[19].

83 A. a. O.

84 Wenige Jahre nach der Religionsschrift Kants machte sich der junge Hegel, gewiss inspiriert durch das Gespräch mit Schelling und Hölderlin, die Hoffnung auf eine neue Religion zu eigen. Doch war sie ihm kein Werk reiner Vernunft, sondern »ein höherer Geist vom Himmel gesandt muß diese neue Religion unter uns stiften« (sog. Ältestes Systemprogramm des deutschen Idealismus, 1797). Die Hoffnung auf einen höheren Geist war freilich trügerisch, da höhere Geister empfangen, nicht gefordert sein wollen.

85 Georg Wilhelm Friedrich Hegel, Wie der gemeine Menschenverstand die Philosophie nehme – dargestellt an den Werken des Herrn Krug's (1801/02), in: Gesammelte Werke 4, Jenaer Kritische Schriften, hg. von Hartmut Buchner und Otto Pöggeler, Hamburg : Meiner 1968, S. 174–187, hier S. 179[14-15].

86 Georg Wilhelm Friedrich Hegel, Enzyklopädie der philosophischen Wissenschaften im Grundrisse (1817) (sog. Heidelberger Enzyklopädie), Sämtliche Werke, Jubiläumsausgabe in zwanzig Bänden, hg. von Hermann Glockner, Bd. 6, Stuttgart : Frommann-Holzboog 1968[4], § 299.

87 Georg Wilhelm Friedrich Hegel, Enzyklopädie der philosophischen Wissenschaften im Grundrisse (1830), Werke in zwanzig Bänden (auf der Grundlage der Werke von 1832–1845, Redaktion Eva Moldenhauer und Karl Markus Michel), Bd. 8 (Erster Teil, Die Wissenschaft der Logik), Frankfurt am Main : Suhrkamp 1970, § 213, S. 368[24].

88 A. a. O., § 213, S. 368[24-25].

89 Georg Wilhelm Friedrich Hegel, Religions-Philosophie (1821), Gesammelte Werke 17, Vorlesungsmanuskripte I (1816–1831), hg. von Walter Jaeschke, Hamburg : Meiner 1987, S. 221[14-21].

90 A. a. O., S. 255[20-21].

91 A. a. O., S. 254[15].

92 A. a. O., S. 255[5].

93 A. a. O., S. 255[5-6].

94 A. a. O., S. 255[14].

95 A. a. O., S. 255[14-15].

96 A. a. O., S. 255[18-20].

97 A. a. O., S. 206[9-11].

98 Die Irreduzibilität des Hegelschen Gottesbegriffes auf Subjektivität arbeitet Jörg Dierken (Glaube und Lehre im modernen Protestantismus, Tübingen : Mohr 1996) sehr klar heraus.

99 Friedrich Wilhelm Joseph Schelling, Philosophie der Offenbarung Erster Teil (1840), Sämtliche Werke, hg. von K. F. A. Schelling, Tübingen : Cotta 1856–1861, Bd. XIII, S. 185[8-13].

100 A. a. O., S. IX[17-18].

101 A. a. O., S. IX[20].

102 A. a. O., S. IX[22].

103 A. a. O., S. IX[27-29].

104 A. a. O., S. 195[18].

105 Ebd.

106 A. a. O., S. 195[21-23].

107 Martin Heidegger, Das Wesen der Sprache (1957/58), in: ds., Unterwegs zur Sprache, Pfullingen : Neske 1959 ([8]1986), S. 157–216, hier S. 176[3-5].

108 A. a. O., S. 176[5].

109 Martin Heidegger, Der Weg zur Sprache (1959), in: ds., Unterwegs zur Sprache, Pfullingen : Neske 1959 ([8]1986), S. 239–268, hier S. 260[9-10].

110 A. a. O., S. 260[12].

111 A. a. O., S. 260[14-17].

112 Martin Heidegger, Aus einem Gespräch von der Sprache (1953/54), in: ds., Unterwegs zur Sprache, Pfullingen : Neske 1959 ([8]1986), S. 83–155, hier S. 122[9-11].

113 A. a. O., S. 121[23-24].

114 A. a. O., S. 121[24-25].

115 Martin Heidegger, Was ist das – die Philosophie? (1956), Pfullingen : Neske 1956 ([10]1992), S. 23[15].

116 A. a. O., S. 23[17-18].

117 »Wahrheit als die Lichtung und Verbergung des Seienden geschieht, indem sie gedichtet wird. Alle Kunst ist als Geschehenlassen der Ankunft der Wahrheit des Seienden als eines solchen im Wesen Dichtung. Das Wesen der Kunst, worin das Kunstwerk und der Künstler zumal beruhen, ist das Sich-ins-Werk-Setzen der Wahrheit«, Martin Heidegger, Der Ursprung des Kunstwerks (1935/36), Stuttgart : Reclam 1960, S. 82[7-13].

118 Eminente Texte sind solche, »die nicht verschwinden, sondern allem Verstehen gegenüber mit normativem Anspruch dastehen und allem Sprechen lassen des Textes bevorstehen«, Hans-Georg Gadamer, Text und Interpretation, in: Philippe Forget (Hg.), Text und Interpretation, München : (UTB) Fink 1984, S. 24–55, hier S. 46[14-16]; vgl. auch S. 43[23].

119 Heidegger, a. a. O. (Anm. 107), S. 177[25-28]. Dass nicht wir die Speise zu uns verwandeln, sondern Christus als die Speise der Eucharistie uns zu sich verwandelt, ist das – wohl von Augustin zuerst ausgesprochene – Grundmodell solcher Erfahrung.

120 Karl Barth hat seinen Kritikern, die an seinem »Römerbrief« zu bemängeln hatten, es gäbe »überhaupt keinen Punkt im Denken des Paulus, der ihm [sc. Barth] ungemütlich« sei, geantwortet, dass »Paulus nun einmal etwas von Gott [wisse], was wir in der Regel nicht wissen, aber durchaus auch wissen könnten«, Karl Barth, Der Römerbrief. Vorwort zur zweiten Auflage (1921), Zürich : Theologischer Verlag [12]1978, S. VI–XVIII, hier S. XV[9-11] und XIV[32-34].

DIE BEITRÄGERINNEN UND BEITRÄGER DIESES BANDES

PETER ANTES

Geboren 1942; Professor für Religionswissenschaft an der Universität Hannover, hat als Spezialgebiete neben Methodenfragen in der Religionswissenschaft vor allem aktuelle Probleme der islamischen Ethik sowie Religionen und religiöse Gemeinschaften im heutigen Europa. Studium der Religionswissenschaft, kath. Theologie und Orientalistik in Freiburg und Paris, Promotionen in Religionsgeschichte zum Dr. theol. und in Islamkunde zum Dr. phil. Habilitation für »Religionsgeschichte und Vergleichende Religionswissenschaft«. Seit 1973 Professor in Hannover und seither durch Vorträge und Gastprofessuren (darunter Genf, Hamburg und Tokio) weltweit tätig. 1988–1993 Erster Vorsitzender, 1993–1997 stellvertretender Vorsitzender der »Deutschen Vereinigung für Religionsgeschichte e.V.«. 1995–2000 Vizepräsident, seit 2000 Präsident der weltweit vertretenen »International Association for the History of Religions«. Zahlreiche Publikationen in mehreren Sprachen.

AXEL FRHR. V. CAMPENHAUSEN

Geboren 1934; Studium der Rechte, der Theologie und der Polit. Wissenschaft; 1960 Promotion zum Dr. iur., 1967 Habilitation. 1969 Leiter des Kirchenrechtlichen Instituts der Evangelischen Kirche in Deutschland, 1969–1979 o. Professor für Öffentliches Recht und Kirchenrecht an der Universität München, 1976–1979 Staatssekretär im Niedersächsischen Ministerium für Wissenschaft und Kunst; 1979–1999 Präsident der Klosterkammer Hannover, seit 1979 Honorarprofessor an der Juristischen Fakultät der Universität Göttingen. Zahlreiche Publikationen, Mitherausgeber des »Rheinischen Merkur«.

HORST FOLKERS

Geboren 1945; Studium der Rechtswissenschaften und der Philosophie, 1987 Promotion zum Dr. phil. mit einer Arbeit über den Jenenser

Hegel. Lehrauftrag an der Universität Heidelberg. Publikationen zum Deutschen Idealismus, zur Rechts- und Religionsphilosophie (dem Gebiet, das den Forschungsschwerpunkt darstellt). Derzeit in Freiburg i. Br. Arbeiten an einer Untersuchung über »Reich Gottes bei Kant und Hegel«.

JOHANNES HUBER

Geboren 1946; Studium der Medizin und der Theologie, Promotionen zum Dr. med. und Dr. theol.; seit 1979 an der Universitäts-Frauenklinik in Wien tätig, seit 1985 als Professor; Gastprofessuren an verschiedenen Universitäten der USA; 1992 Leiter der Gynäkologischen Endokrinologie und der Reproduktionsmedizin an der Universitäts-Frauenklinik in Wien. Mitglied mehrerer hochrangiger Komitees und Berater der Regierung im Umfeld der Reproduktionsmedizin; zahlreiche Aufsätze in internationalen Zeitschriften, Lehrbücher, umfangreiche weltweite Vortragstätigkeit, darunter auch Beiträge zum interdisziplinären Dialog zwischen Biomedizin, Theologie und Philosophie.

ULRICH H.J.KÖRTNER

Geboren 1957; 1982 Promotion, 1987 Habilitation an der Kirchlichen Hochschule Bethel. 1986–1990 Gemeindepfarrer in Bielefeld, 1990–1992 Studienleiter der Evangelischen Akademie Iserlohn. Seit 1992 Ordinarius und Vorstand des Instituts für Systematische Theologie an der Ev.-Theol. Fakultät der Universität Wien. Vorstand des Instituts für Ethik in der Medizin der Universität Wien, Mitglied mehrerer hochrangiger Ethik-Kommissionen. Zahlreiche Veröffentlichungen.

KLAUS KOWALSKI

Geboren 1929; Studium an der Hochschule für bildende Künste Stuttgart (Grafik und Plastik). Staatsexamen für das Lehramt Kunst, Schultätigkeit; Studium der Kunstgeschichte, Geschichte und Archäologie. Berufung zum Universitätsprofessor für »Bildende Kunst/Visuelle Medien und ihre Didaktik« der Universität Hannover. Nach reger Forschungs- und Lehrtätigkeit (u.a. Buchveröffentlichungen, Curriculumarbeit, Lehrerbildung und Einzelausstellungen im In- und Ausland) 1995 emeritiert.

GEORG LANGENHORST

Geboren 1962, Studium der Kath. Theologie, Germanistik und Anglistik, Staatsexamen und M. A. Promotion in Kath. Theologie 1993, Habilitation 2000. 1993–1997 Gymnasiallehrer, 1997–2001 Akademischer Rat für Kath. Theologie/Religionspädagogik an der Pädagogischen Hochschule Weingarten, seit 1.10.2001 Ordinarius am Lehrstuhl für die Didaktik des Kath. Religionsunterrichts an der Universität Erlangen-Nürnberg. Zahlreiche Publikationen vor allem im Bereich religionspädagogischer Fragen und auf dem Feld von Theologie und Literatur.

MARGIT PAVELKA

Geboren 1945; Studium der Medizin an der Universität Wien; 1970 Promotion zur Doktorin der gesamten Heilkunde; Ausbildung zur Fachärztin für Innere Medizin; 1987 Habilitation für das Fach Histologie und Embryologie. Berufung als Ordentliche Professorin für Histologie und Embryologie 1992 an die Universität Innsbruck und 1998 an die Universität Wien. Bevorzugte wissenschaftliche Tätigkeit auf dem Gebiet der medizinischen Zellbiologie, Elektronenmikroskopie und Ultrastrukturforschung.

JANNIS VLACHOPOULOS

Geboren 1939 in Piräus (Griechenland), Studium der Musik (Theorie und Komposition) zunächst in Athen, dann bei Jacques Wildberger und Olivier Messiaen, später in Köln bei B. A. Zimmermann und H. Eimert (elektronische Musik). Seit längerer Zeit schon als freischaffender Komponist mit einer großen Schaffensbandbreite in Köln und Athen tätig.

MARIE VLACHOPOULOS

Geboren 1944 in Athen, Musikstudium in Athen und München. Neben ihrer Lehrtätigkeit an der Universität Köln (seit 1973) Beschäftigung mit dem Studium der Vergleichenden Religionswissenschaft und der Philosophie.

FRANZ WACHTLER

Geboren 1955; 1979 Promotion zum Dr. med. univ., 1985 Habilitation, 1992 Ernennung zum a.o. Universitätsprofessor. Seit 1996 Vorstand des Instituts für Histologie und Embryologie der Universität Wien. 1999 Berufung zum ordentlichen Universitätsprofessor. Bevorzugte Forschungsgebiete: Embryologie, Kern- und Entwicklungsbiologie.

REGISTER

Staatsreligion 44, 96 ff.
(siehe auch Kirche und
Staat)
Stoa 105
Strafe 111 (siehe auch Kir-
chenstrafe)
Straßburg, Münster 22
Substanz 138 f, 141 ff.
(siehe auch Transsubstan-
tiationslehre)
Schwangerschaftsabbruch
110, 124 f.
Synagoge 16

Teleologie 122 f.
Tempel 16
Theodizee 74
Theologie 12, 30 f., 118,
120 f., 131 ff., 140, 143 f.
Todesstrafe 111
Toledo 49
Toleranzedikt (siehe Mai-
länder Abkommen)
totalitäre Herrschaft 107
Tragödie 39
Transsubstantiationslehre
119, 142 (siehe auch
Eucharistie)

Universalanspruch, christ-
licher 96, 105
Unsterblichkeit 147 f.
USA 104, 112, 121

Venedig, Markuskirche 45
Veden 72
Vernunft 146–151, 153 ff.,
164

Weimarer Reichsverfassung
101 f., 104, 114
Weltbild 118 f., 121
Westf. Friede (1648) 104
Wien 129

Zwei-Naturen-Christi-Lehre
135 ff. (siehe auch Konzil
von Chalkedon)
Zwiefalten, Klosterkirche
20 f., 23